"木铎金声，滋兰树蕙" 谨以此书向先生们致敬

中央广播电视总台中国之声 编著

先生
XIANSHENG

第一辑

山西出版传媒集团
山西教育出版社

《先生》主创团队

总 监 制：高 岩

编　　委：王 磊　樊新征　肖 源　章成霞　李 谦

记　　者：张棉棉　沈静文　冯会玲　王 娴　柴 华　李行健　张明浩
　　　　　王宗英　何 源　杨 宁　方 亮　刁 莹　郭 淼　刘会民
　　　　　李 欣　李思默　解朝曦　孙 莹　朱 敏　孔 颖　王泽华
　　　　　刘梦雅　张筱璇　李 昊　周益帆　江晓晨　韩雪莹　赵初楠
　　　　　王东宇　张永鹏　王 楷　邢晓春　刘柏煊　刘祎辰　张国亮
　　　　　陈庆滨　凌 姝　杨 芬　李竞成　左艾甫　杨 静　郭 威
　　　　　葛修远　蒋雪娇　王 利　温 超　张 磊　迟 嵩

播　　音：王 娴　杨 昶　王 艺　张 蕾　肖 玉　唐子文

音视频制作：权 胜　李晓东　王 敏　周天纵　杨 琛　李晨雨　刘逸飞
　　　　　王雪洁　郭 明　熊 峰　李 帅　陈 振　潘 剑　黄一博
　　　　　荆宇琦　郑平平

新媒体编辑：柴 婧　王 茜　李 瑞　陈 宇　廉金亮　章宗鹏　周 洋
　　　　　邹宁博　张兆兴　徐宇召　柳 明　王 蜂　秦晓猛　王波涛
　　　　　胡哲源　刘硕田　原　周 力　杨毓麟

✦ 排名不分先后

序言

"先生"这个称谓，传统上主要指教书者。如今我们使用时愈发"吝啬"。先生，不仅是一种称谓，更蕴含着敬意与传承。可堪先生之名者，不仅在某一领域独树一帜，更有着温润深厚的德性、豁达包容的情怀，任风吹雨打，仍固守信念。"捧着一颗心来，不带半根草去"，为后生晚辈持起读书、做人的一盏灯。

人，总是害怕被遗忘的，害怕这个世界上不再有我们存在过的痕迹。族群也是一样，害怕在艰难与磨砺中堆积起来的煌煌当下，被后人视作理所应当。

就在上个月，《先生》项目组的记者采访了中山大学的夏书章先生。他生于"巴黎和会"那一年，第一次世界大战前德国在中国山东非法攫取的所谓"权益"，被转交给了日本，而参会的中国政府，有心声索，竟无力拿回属于自己的权利。当我们直面曾亲历过这些历史的夏先生，忍不住回望时才发现，我们和那段险些"亡国灭种"的过往，只有百年之距。

是的，眼下的和平安宁、崛起振兴，是几代先人"慕强学强"的结果，从来不是、也不该是我们后人

"躺平享乐"的应得。

"先生"之所以为先生，因着"心怀家国"。

生于喜峰口大捷那一年的戚发轫先生说："我当过亡国奴，每天去学校，要向东京三鞠躬，日本的小孩子可以无缘无故地打中国的孩子，我能忘记吗？！那是刻骨铭心的记忆！"为了我们的天空不再盘旋着他国的飞机，我们的国土不再被他国炸成焦土，戚先生读了飞机系。新世纪伊始，他把中国人的"神舟"送上太空。此刻，"神舟"十七号乘组正在我们国家自己的空间站里工作着。

"先生"之所以为先生，因着"求先若渴"。

"共和国勋章"获得者黄旭华先生，是世界上第一个参与核潜艇极限深潜的总设计师。32岁受命研制导弹核潜艇时，摆在他面前的是这样的境况：相关人才，一个没有；相关知识，一点没有；相关资料，一字没有。十二年间，他们用老祖宗留下的算盘，一遍一遍地扒拉着数据。1986年初，中国的核潜艇在规定海域完成航行90天、航程23625海里。92岁时说起此事，先生在我们的采访机前，笑得像个孩童："到现在美国都没有破我们的纪录。"

"先生"之所以为先生，因着"奖掖后学"。

年近期颐的崔崑先生，至今还在关注学科发展的前沿动态，即便培养的数十名学生已经成为国家材料学领域的中坚力量，但他总说："因为你是老师，必须走在学生前面。"95岁时，他和夫人再次捐出400万元设立"新生助学金"，至此，累计捐资已超千万。先生不太喜欢别人称他的做法为"捐"："我们毕业的时候两手空空，现在有些积蓄那都是国家给的，用不完还给老百姓，是很自然的事情。"

在浩浩汤汤的时代洪流中，共和国的先生们近乎迂阔地坚持着"课比天大"，坚持着"活一天学一天"，坚持着"我还能再为国家做点什么"，原因只是"我的先生这么教我"。所谓传统，不就是这么"迂阔"而来的么?!

国家的需要，便是他们的需要；民族的所向，便是他们的所向。这便是先生，这便是读书人：饱经沧桑、痴心不改的满腔深情；忧乐天下、匹夫有责的士人担当；一心谋国、拙于谋身的浑身赤诚。

在过去近百年的岁月里，他们俯首躬身，为国家立心、为民族立魂。"干惊天动地事，做隐姓埋名人"的先生，往往埋首书案，鲜有闲暇向人们展示厚重的光景。在过去八年的时间里，中国之声倾力为这七十位先生留声立传，并通过总台新媒体传播矩阵多元传播，如今结集出版，更是一种郑重的镌刻。

人人都想不朽，终究为时光所消磨。然而，迄今我们确实地见过一种不朽：将个人有限的生命融入国家无限向前的浪潮里，以家国为驱动、突破岁月之茧，与民族化蝶共舞。

采编的过程，欢愉交织着痛苦。欢愉在于，能直面一个个史书般的鲜活生命，在沧桑的声音里，体味共和国的脉动；痛苦在于，用十几分钟的声波，震荡近百年的历程，须得克服自身的浅薄。于是，我们拼力抓住先生动人的那一两个侧面，刻画它、写活它、丰富它，让先生在我们这些后辈眼里，可感可知、可敬可佩、可追可摹。

木铎金声，弦歌不辍。滋兰树蕙，芳华灼灼。

先生，从后生处来，愿我们及我们的后生，亦愿循着路子，往先生处去。倘若我们的声画与文字，能鼓舞同辈，激励后来者，一门精进、一往无前，那便是再好没有了。

中央广播电视总台中国之声《先生》栏目组

2024年春

目录

许渊冲	诗千首，恰少年	...1
王小谟	人生没有不可能	...9
聂石樵	三寸笔，耦而耕	...16
吴孟超	肝胆两相照，不老柳叶刀	...23
郑　敏	哲学在左，诗在右	...31
方汉奇	三尺讲台，一世书香	...39
李道增	一生的剧场	...47
乐黛云	采撷东西，和而不同	...54
张存浩	急国家之所急	...61
孙家栋	寄豪情，问苍穹	...68

谭元寿　　最好的传承就是口传心授 ...77

叶嘉莹　　诗，让我们的心灵不死 ...84

潘际銮　　骑自行车的"90后"院士 ...92

巫漪丽　　一生只守一架琴 ...100

阮仪三　　古城保护，能按住一个是一个 ...107

戴　逸　　半生心血，一部史书 ...116

崔　崑　　81岁起笔，著就特殊钢百科全书 ...124

宿　白　　浩瀚大海从不喧嚣 ...133

钟　山　　没有空防就没有国防 ...141

李锡胤　　一个纯粹的读书人 ...150

邬沧萍	莫道桑榆晚，仍存万里心	...158
赵忠贤	板凳坐得十年冷	...165
韩美林	艺术，必须有民族性	...173
冯骥才	有责任的人生是有分量的	...183
李俊贤	舍尽人间烟火，只见山河远阔	...191
陆俭明	不做庸人	...199
白先勇	中国传统文化就是我的故乡	...207
黄旭华	用算盘拨拉出核潜艇	...216
戚发轫	抬头看，我的航天梦就在那里	...224
任继周	从来草原人，皆向草原老	...233

于　漪	表里俱澄澈，硕学故为师 ...242
林崇德	弘师道以广，布师爱以长 ...252
丘成桐	中国人可以做世界一流学者 ...261
李伯谦	从田野出发，溯文明之源 ...270
崔道植	没有惊涛骇浪，只是水滴石穿 ...280

许渊冲

诗千首，恰少年
XIANSHENG

许渊冲，翻译家。1921年出生于江西南昌，20世纪40年代开始涉足文学翻译，师从钱锺书，出版著作150余种。译作涵盖中、英、法等语种，并形成韵体译诗的方法与理论，在翻译界有"英法翻译唯一人"之称。1999年，被提名为诺贝尔文学奖候选人。2010年获得"中国翻译文化终身成就奖"。2014年，获得国际翻译界最高奖项——"北极光"杰出文学翻译奖，成为该奖项自设立以来首位获奖的亚洲翻译家。

扫码收听音频

> 照　君：他的作息时间都乱了，习惯晚上干工作、搞翻译，本来每天是凌晨三点左右睡，能睡到早上八九点，现在睡不着了，一直到天亮。

第一脚踏进许渊冲先生家，十来平方米的客厅加餐厅没有开灯，细看，冰箱、电饭锅、餐桌，旧家当一览无余。进门左手是一间储物室改成的工作室，只有三四平方米的样子。上午十点半，许先生似乎刚睡起，坐在老式沙发上，慢慢起身往外走。夫人照君并没有伸手相扶，只是笑盈盈地看着他穿过昏暗狭窄的客厅，到朝阳的书房里坐下。

许渊冲先生与夫人照君

95岁的体面经不起太仔细地打量。先生左眼镜片的右上角碎成了好几小块，白衬衫的袖口磨毛了边，大概是怕着凉，裤管紧紧地扎着。他的声音慢慢大起来，说到翻译。

许渊冲：西方是拼音文字，英法德意西，拉丁语系有90%可以对等，所以他们翻译可以对等。但中文和英文不同，只有40%、50%，只有一半可以对等。不对等的一半怎么办呢？所以我们要发挥主观能动性，尽量用最好的中文来翻译，而不是对等。

"为了更美，没有什么清规戒律不可以打破。"贝多芬的这句话常被他引述，进而形成了他独有的翻译"三美"论——意美、音美、形美。许渊冲说，在他之前，中文诗翻译简单直白。《诗经》中的"昔我往矣，杨柳依依。今我来思，雨雪霏霏"被译成"很久以前我离开时，杨柳青新。现在我回家去，雪下得大"，意境全无。而许渊冲翻译讲究的是情景交融。

许渊冲：去的时候杨柳舍不得我走，回来的时候大雪又把杨柳压弯了。就是王国维那句话，写的是景，景里有感情。雨雪和战争一样，把战士压弯了腰。所以我翻译的是，I come back now, snow bends the bough. 不但翻了意思，还翻了感情。

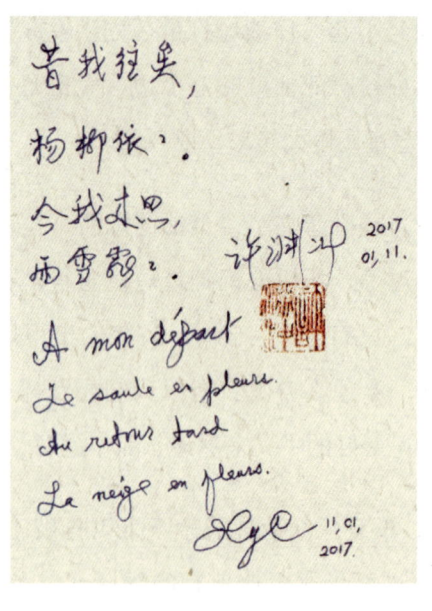

许渊冲用法语翻译《诗经·采薇》名句

　　1938年，许渊冲考入了刚成立不到一年的国立西南联合大学外文系。清华、北大、南开教授云集在低矮简陋的茅草教室，国文课的教学阵容"空前绝后"——闻一多讲《诗经》，冯友兰讲哲学，柳无忌讲西洋文学，萧乾谈"创作与译诗"……许渊冲学会了诗，更认识了美。而在英文老师钱锺书那里，他第一次领教了翻译的难处："无色玻璃般的翻译会得罪诗，有色玻璃般的翻译又会得罪译。"

　　许渊冲：他（指钱锺书）说他赞同无色玻璃，他认为我的翻译是有色玻璃。我后来想想，翻译没有无色玻璃，不可能无色，它总要改变的，只是改变多少而已。

记　者：钱锺书先生接受您的观点了吗？

许渊冲：文字上他并没有接受我的观点，但他说，你戴着手铐脚镣跳舞，灵活自如。

17岁的少年在中国南方的抗战烽火里经历了最好的时光。谈及"最难忘"，许渊冲答得斩钉截铁。

许渊冲：1939年，我大一的时候受两个人影响，老师就是钱锺书，同学就是杨振宁。杨振宁善于发现问题。我们同班，过去分词一般表示被动，但是在课文里没有表示被动。杨振宁能够发现这个问题，而我们全班都没有发现。

许渊冲眼中的杨振宁敏而好学，而在杨振宁眼中，他的这位同窗好友懂翻译、更懂美。

杨振宁：他从英文诗翻译出来的中文诗，念起来像诗。他的中文诗翻译成英文诗，念起来像英文诗。这是多半的翻译工作者不会做或不注意做，而很多人非常喜欢的。

虽有同窗之谊，境遇却不尽相同。20年后，杨振宁加冕诺贝尔物理学奖，而许渊冲直到2014年，才获得国际翻译界最高奖项——"北极光"杰出文学翻译奖。

许渊冲：我95岁了，得这三个大奖都是90岁以后啊！

这是一段漫长而孤独的路程。许渊冲坚持,"译诗不是为了使诗人流传后世,而是使人能分享诗人美的感情"。翻译界"求真"还是"求美"的争论从未停止。谈到学术观点之争,95岁的老人似乎一下子被触发了少年的心性,寸土不让地维护着自己毕生的主张。

许渊冲先生卧室里的两幅字

许渊冲:斗争主要是我和王佐良,王佐良怎么样呢,我准备
　　　　了材料了!(立刻站起拿材料)
照　君:(赶紧提醒)小心,小心,没有睡好觉……

　　时间的银河里,师友之情、同行之谊灿若繁星,夫人照君则是宁静的满月。在"文化大革命"中被打成"牛鬼蛇神"、因为翻译而挨一百鞭子……这些常被他人叹息的命运的困厄,照君缄口不提,却执着于先生的生活起居。

照　　君：他脾气很急，我说该吃饭了、该睡觉了，他说我能睡得着吗，我翻到这个地方，正在节骨眼上，躺下也白躺。

夫妻执手57年，95岁的许渊冲只有照君和一份对翻译的狂热，其他的无可无不可。83岁的照君就只有许渊冲，其他的无可无不可。

照　　君：反正凑合着吧，主要是精神愉快，许先生事业有成就，我们俩就特别高兴。

说着凑合，并没有凑合。不凑合里，许渊冲还在坚持着每天数小时的工作，他希望在五年内译完《莎士比亚全集》。

记者沈静文与许渊冲先生

记者手记
JIZHE SHOUJI

我是记者沈静文。

也许是因为前晚失眠,夫人说话时,许渊冲先生闭着眼仰靠在沙发上,像是要睡着。其中或许有一刻,他会想起儿时最崇拜的三姑爹式一叔,当式一叔写的剧本《王宝钏》在闪耀着霓虹灯的伦敦和纽约上演时,小小的渊冲曾听大人说过,英国的萧伯纳都喜欢式一叔的作品,式一叔回国时带的银圆一辈子都用不完。

许渊冲先生的书房里齐齐塞下了自己的150多部译作,从《诗经》《楚辞》到《唐诗三百首》《宋词三百首》《牡丹亭》《桃花扇》《长生殿》……他的桌椅就在向阳的窗下,手边是裸露的暖气片,脚下是从未装修过的水泥地面。"大富翁"的梦想丢在了童年,而他尽毕生之力所做的,向世界传播中国文化之美,似无止境。

——采访于2016年

王小谟

人生没有不可能
XIANSHENG

王小谟，雷达工程专家，中国工程院院士，被称为"中国预警机之父"。1938年出生于上海市金山区。先后主持研制中国第一部三坐标雷达、第一部中低空兼顾雷达等世界先进雷达。主持研制中国第一代机载预警系统，提出中国预警机事业实现跨越式、系列化发展，并迈向国际先进水平。2013年1月，荣获国家最高科学技术奖。

扫码收听音频

稍加留意，就会发现，78岁的王小谟走起路来有一点轻微的跛脚。这不是因为年龄，而是因为2006年的一场车祸。当时68岁的他，腿部粉碎性骨折，被紧急送进医院，却又查出了淋巴癌。

王小谟：我没有什么感觉，第一，几个化疗做完以后，我做得也很好；第二个呢，就是死了我也不遗憾，该做的事儿也做了不少。

所有人都觉得王小谟或许会在病床上度过余生。没想到半年后，他又出现在预警机试验场。

车祸和癌症的鬼门关都能闯过来，在王小谟的人生中，没有什么不可能。

少年时，他酷爱京剧，唱念做打有板有眼。他想要一台能播放京戏的收音机，却因为家里没钱而不能拥有。于是，12岁的他就自己动手做了一台，把不可能变成了可能。

王小谟：20世纪50年代的时候，买一个收音机是很奢华的。到中药铺买一块自然铜，用一根铁丝去跟它接触上，实际上就变成了一个半导体的二极管了，再装一个天线一个地线，一搜以后呢，就听见广播了，就高兴得不得了。

也许是命中注定，做出收音机的少年没有去学京剧，而是考入了北京工业学院无线电系。

> 王小谟：我喜欢玩儿，京剧也没丢，参加了京剧社；也喜欢开摩托车，学校有几辆摩托车，所以就玩儿。玩儿的时间比较多，考试也没有好好准备，那会儿就5分制，得了个2分，2分就是不及格了。

没人相信王小谟这样的学生能有出息，可是，毕业设计时，他首次应用最佳相速方法设计雷达天线，获得优秀毕业设计，又一次把不可能变成可能。

王小谟毕业后分配到了南京第十四研究所，参了军的他拿到的第一个重要任务也曾经被视为一个不可能完成的任务，即研制三坐标雷达——当时世界上最先进的雷达。

高二年级时的王小谟（1954年）

> 王小谟：1961年，中苏关系不好，原来苏联人援助"三坐标雷达"，撤销之后没有了，只剩下些资料，这点资料我很快就看完了，就要广泛地搜集国外的资料，那会儿没有网，只能天天去杂志上找。

刚刚摸到门道，政治形势就急转直下，王小谟被打成"反动学术权威"，整整闲置了两年时间。好不容易恢复了研究，他又和近千名同事被派到贵州都匀的大山深处，去组建电子工业部第三十八研究所。

> 王小谟：连镇子都没有，"山、散、洞"——"山"要靠山，"散"要分散，"洞"要进洞，我们三十八所四周都是山，旁边有一个生产队，全部都是农田。去市里要走20公里，而且是小路，开车要开一个多钟头。

在时代的湍流中，掌握世界上最先进雷达技术的梦想似乎渐行渐远。可在王小谟的字典里，没有不可能。资料是英文，学俄语的他就重起炉灶学英文；在机房赋闲两年，他就利用机会全面掌握了计算机技术。条件稍有好转，他马上又投入了三坐标雷达的研究。1983年，在接到任务的22年之后，中国的三坐标雷达终于在遥远的大山深处、在王小谟团队的手中诞生了。

参军后的王小谟（1961年）

20世纪90年代，海湾战争让人们看到了国家装备预警机的紧迫性，王小谟开始策划和主持国产预警机的研发工作。但起步之初，遇到的不是技术问题，而是质疑。

> 王小谟：都认为自己做不了，要买。当时预警机要求很迫切了，担心中国人做不出来，后来呢，我们这帮人认为我们自己能做。

这时的王小谟已经年过六旬，却依然气势如昨，认准了就不信有什么不可能。在西北茫茫戈壁的试飞现场，夏天像蒸桑拿，冬天像进冰柜，别人担心他的身体，他却全然不理。

> **王小谟**：试飞主要是飞机噪声特别大，一去试飞四五个小时，最多的话能到六个小时，上面没厕所，那真是一个麻烦事儿，肚子不好一点都不敢去，也不敢喝水。

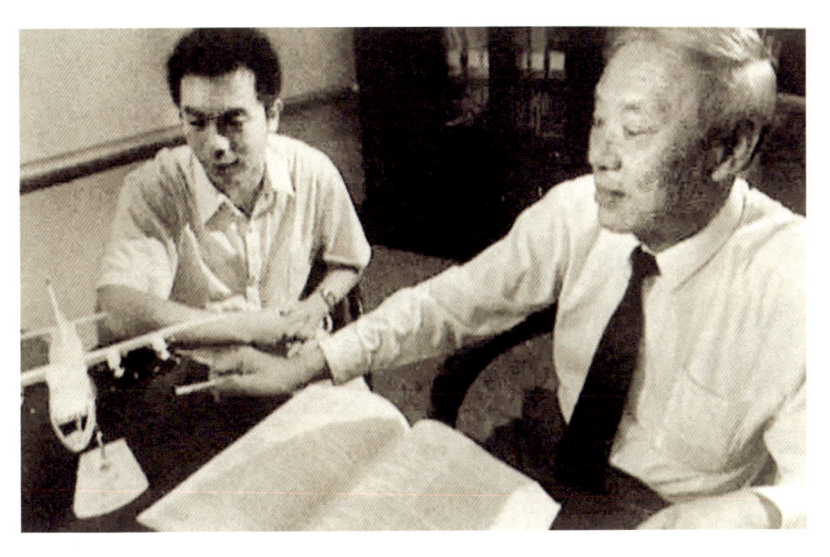

王小谟和年轻的副总师曹晨研究预警机方案

仅用一年，第一架国产预警机的地面样机完成。又过了一年，样机上天试飞。2009年，在庆祝中华人民共和国成立60周年的阅兵仪式上，国产预警机空警-2000首次亮相，率先飞过天安门广场。

2009年阅兵式实况：气势磅礴的空中梯队呼啸而至，率先飞过天安门广场上空的是多机编队的领队梯队,带队长机是空警-2000预警机……蓝天骄子,携雷霆之势,展空中雄姿。

如今,中国雷达和预警机已经站在世界前列,王小谟也已经年近九旬。一般这样的年纪,早已颐养天年,可王小谟却说,他要让国外的同行追着自己干。这,没有什么不可能。

王小谟:什么是真正的领先,在预警机领域,外国人都看着中国人怎么做,然后跟着做,这个就叫领先。

记者张明浩采访王小谟先生

记者手记
JIZHE SHOUJI

我是记者张明浩。

采访中,王小谟先生一张嘴就把我镇住了,底气十足,声若洪钟,根本就不是一个80岁老人的样子,年轻时京剧打下的底子果然不是虚的。我们开玩笑地问他,如果当年18岁时去了看中他的北方昆曲院,如今艺术界就又多了一个艺术家吧。他哈哈大笑,但并不谦虚地告诉我们,当年他学京剧的同学已经出了好几个名角了。虽然最后从事了科学研究,但京剧这一爱好却伴随了王小谟的一生,甚至在他腿部粉碎性骨折又查出淋巴癌的时候,他都要拉起二胡,美美地唱上一段。王小谟说,人生有低谷,但心情从来没有低谷。

——采访于2016年

聂石樵

三寸笔，耦而耕
XIANSHENG

聂石樵，文学史家。1927年出生于山东蓬莱。1949年考入北京辅仁大学国文系，师从著名学者、王国维亲传弟子刘盼遂，长期从事古代文学教学与研究，曾任中国诗经学会顾问、中国屈原学会副会长等职。研究范围囊括从先秦到晚清几乎全部中国古代文学史，且在每一个领域皆成就斐然。先后撰写了《先秦两汉魏晋南北朝文学史》《唐代文学史》等，著作近五百万字，主张"以史证诗"，探索出一套重史料、重考证、富有特色的文学史编撰方法。

扫码收听音频

聂石樵先生与夫人邓魁英，求学时同班，工作后同系。他们本给书房起斋名为"耦耕居"，"耦而耕"出自《论语·微子》，意为两人同时耕耘。但遗憾的是，一间狭小的房子里放不下两张书桌，所以"耦耕居"终究没有叫响，还是现在的斋名"三通居"更贴切，书房、客厅、餐厅通用。

聂石樵先生与夫人邓魁英

小小的三通居里，除了老式沙发和桌子，其他的，都是书。在初夏阳光斑驳的光影下，各种版本的书册或明或暗。其中最崭新的，是中华书局出版的十二卷本共13册的《聂石樵文集》。聂先生没事就去摸摸，仿佛手中触摸的不仅是散发着油墨味的纸张，更是那些弓着腰伏案的岁月。

聂石樵：把我过去的工作做一个总结，看了以后得一点安慰，这些都是带感情的东西，另外就是感觉我这一辈子没有白过。

北京师范大学教授于丹是聂先生的弟子，颇得聂先生的精髓，在古诗词方面造诣很深。20年了，在她眼中，外面的世界翻天覆地，而恒定不变的却是先生家里的宁静与澹远。

于　丹：我第一次踩上去那个油漆斑驳的老地板，如今还是那个样子，我第一次看见先生那个老旧的玻璃的开门书橱里头，堆着满满的、密密的书，现在只有在书橱外，在桌沿上，堆起更多的书。家里面跟植物，跟动物，跟书香，跟墨香，一切是宁静、安稳、和谐、庄严，你总会觉得有人在用心守着一份不变。

夫人邓魁英这样评价聂石樵，他这一辈子只做了三件事：念书、教书、写书。成为辅仁大学同窗时，聂先生就是有名的规矩人、书呆子。

记　者：聂老师，当年是您先主动追的邓老师吗？
聂石樵：我追的她。
邓魁英：他是就会念书，真能念书，我就取长补短啊，我是最贪玩，到冬天天冷了还没有结冰呢，我就想着去滑冰，打球，他是只拉着我坐图书馆。

至今不会烧开水、不会玩扑克牌，甚至年轻时家就在北京什刹海边上，都没能学会游泳。聂石樵爱书成痴，心无旁骛，无关岁月，更不惧干扰。哪怕在"文化大革命"期间，他都笔耕不辍，坚持完成了包括《杜甫选集》在内的多部作品。

聂石樵先生家有不少古籍

邓魁英：叫"地下工厂"，并没有跟任何人说，只有我们两个人知道，早晨去学"毛选"，然后跟着学生看大字报，帮着学生抄大字报，晚上的时候干。

"不动感情的不能写，拿不准的更不能写"。聂石樵著文学史的突出特色，是重视文学史料的考辨，这既考验古文功底，又是个苦差事。多少个日日夜夜，他在书海中苦苦求索，力图做到无征不信。严谨已经成了他多年的习惯，尽管已是初夏，衬衫最上面的扣子仍然系得一丝不苟，一如当年在辅仁大学的深深庭院中等待邓魁英时那样。踏踏实实做学问，聂石樵有三个看家秘诀："坐得住""多读书""不做官"。

> 聂石樵：一个问题就是，你得坐得住，不要到处去跑。有的老师讲，"我游遍了五大洲"，那你怎么做学问？怎么看书？对不对？还有一个，要书多，书好比是水，教师好比是鱼，水有多么大，鱼就能游多宽。第三个就是淡泊名利，我不为名利去写，我就干我的事业。

不做官，也不计较。聂石樵当过最大的"官"，是学科教研室主任；甚至连他一开始带的博士生，都是挂在启功先生名下的。学生过常宝教授说，聂先生当时也是年逾古稀，默默地帮80多岁的启功先生指导学生，且这忙一帮就是多年，被同事们戏谑称为师大"老雷锋"。

> 过常宝：启先生他很忙，他有很多的社会兼职，同时他自己既是书画家，还是文物鉴定专家，也是古代文学学者。所以，启先生的博士生全部都是由聂先生或者

是邓先生带出来的。

聂先生在90岁高龄时，书常翻，字不太能看得清；耳朵背，却坚持不戴助听器，仿佛刻意要与喧嚣的世界保持点距离。虽著作等身，但在网络上搜索"聂石樵"三个字，内容却少得可怜。在夫妇二人的心里，一生最重要的就是当年刘盼遂先生的话："做个读书人。"

邓魁英：人多了以后必然就有个攀比，谁上谁不上，当我们有点意见的时候，刘先生就跟他说："石樵，咱们不是念书人吗？咱们不是读书人吗？"点破一句话，受益终身，他总想，我就是念书人呐。

记者张棉棉采访聂石樵先生

记者手记
JIZHE SHOUJI

我是记者张棉棉。

大师,本应高山仰止,更何况是聂石樵先生这样独自著书近五百万字的史学通才。没想到,在20多平方米的"三通居"里见到的,是如此低调随和的瘦削老者。夫人邓魁英说,他倔强得很,拒绝助听器、拒绝拐棍。我猜想,潜意识里这是聂先生拒绝向岁月低头。身体原因所限,与聂先生对话已经有些困难,但90岁高龄的他仍然坚持要亲自把著作从过人高的书架上翻出来,一板一眼地念给我听。这股子劲儿,让我仿佛看到在过去若干年里,聂先生用一摞一摞卡片整理文件、在400字稿纸上一遍一遍誊改书稿的身影。

聂先生口口声声把自己定位为"教员",尽管开枝散叶、桃李无数,却一度找不到将毕生所得出书的门路。"板凳需坐十年冷,文章不写半句空",粗茶淡饭可甘之如饴,步履维艰中仍率性而为,时代需要这样的先生。

——采访于2016年

吴孟超

肝胆两相照，不老柳叶刀

XIANSHENG

吴孟超，肝胆外科专家，中国科学院院士。1922年出生于福建闽清。他最先提出的肝脏解剖"五叶四段"理论，在国内率先突破肝叶手术禁区，成为中国肝脏外科的开拓者和主要创始人。2005年，吴孟超获国家最高科学技术奖，2011年，国际小行星中心将17606号小行星永久命名为"吴孟超星"。

扫码收听音频

上午8点半，吴孟超先生走进东方肝胆外科医院的手术室，向助手交代了一句"切口切小点儿"，便走出门外，做着术前准备工作。

吴孟超：刷两遍，这都要洗干净，还有指尖这一块。

如果不是颧骨处的老年斑、从手术帽里钻出的几根白色长眉，很难想象，眼前这个眼尖手快、动作沉稳的主刀人，已经94岁了。

这样的年纪，这样的地位，在外人来看是惊叹；可在与吴先生一起工作30多年的叶志霞看来，每一次主刀都是风险。

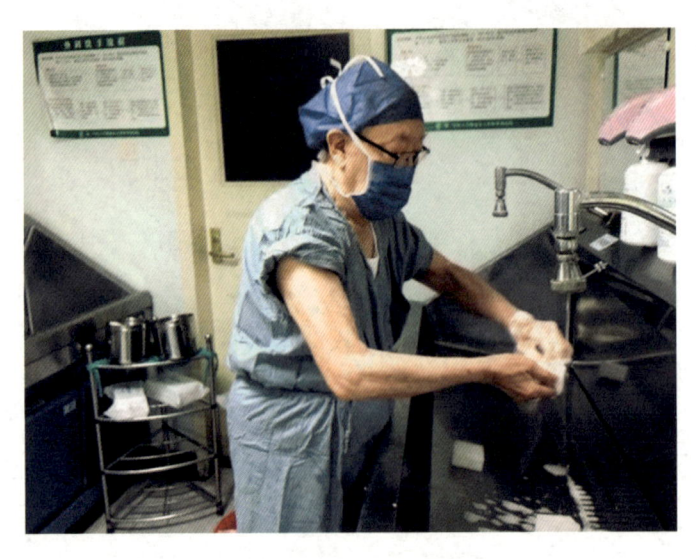

吴孟超先生在做术前准备

叶志霞：拿到那么高的奖，这么大年纪，其实只要开一天刀，都是有很大的风险的，但是他没有把这个变成自己的一个包袱，他总是这样说，不要怕，只要这个事情是对病人有利的，怕什么，不要紧。

这样的信念从先生决定学医之时就已经在心里扎根，而帮他植下信念的，是当时的同学，后来的妻子吴佩煜。那是1940年，18岁的吴孟超抱着去延安抗日的决心，离开马来西亚回国，但迫于时局，最后辗转来到迁往昆明的同济大学附中。

吴孟超：同济的理、工、医三个系最有名，我想报工科。因为我小的时候家里做的米粉生意，种橡胶什么的，这些都是靠手技的，所以我想学工。她说念医好，她劝我，工程建设是对国家有贡献，念医对人类更有贡献。

就这样，一对情侣携手走上了从医之路。从1956年开始，在著名外科学家裘法祖的指导下，吴孟超选定肝胆外科为研究方向。三年之后，容国团成为中国第一个世界冠军的那一年，吴孟超头一回将肝胆内部复杂的血管结构完整地呈现在中国医学界面前，也引起了国际医学界的关注。

吴孟超：容国团拿了乒乓球第一，我一下想起来了，乒乓球也是塑料，大家就拿乒乓球做试验，一下子就溶解了。这个模型做出来以后，我就写了一篇学术报告，到国外讲课，人家邀请我去讲课，就这么出名了，呵呵。

彼时，妻子已于五年前离世，享年89岁。吴孟超仍然每天忙碌在医院里，身后的履历足以担得起"贡献"两字：中国第一具结构完整的人体肝脏血管模型从他手中诞生；他总结出的肝脏解剖"五叶四段"理论一直沿用至今，成为探索肝脏新手术的理论依据和技术保障；他发明了"常温下间歇肝门阻断切肝法"，突破以前肝叶切除，患者的体温必须保持在32摄氏度进行的障碍；他还主刀了世界首例中肝叶切除手术并获得成功。

患　者：我是从福建过来的，他们不让我挂你的号，说要预约。我的肝、肾有问题，我希望你能帮我诊断一下……

每周二的门诊，每周至少两三台手术，是吴先生的工作节奏。长期在他身边工作的张鹏说，在外人看来高山仰止的顶级专家，其实要请他看病，并不难。

张　鹏：只要是因为看病的，到他办公室，不管他认识不认识，预约没预约都没关系，他都会看。他一看片子，说好，打开B超室，接着会赶去看B超，B超如果说能做的话，就说收下来吧，住哪个科，什么时候开刀，都会安排。

相比对患者的仁心，东方肝胆医院外科医生杨田却说，吴先生对身边的医生相当苛刻。

杨　田：他所收治的病人，对我来说就要VIP的待遇，我们完全不敢怠慢。因为老先生会严格地看你（写）的病历，你的病历里面有一丝丝小的差错，他就会来责骂你、训斥你，我是经常会受到这种待遇的。

可杨田和同事们都明白，这份严苛成就了多少人。吴先生就像一棵大树，在岁月的流逝中，开枝散叶。

杨　田：我们医院这么多肝脏科、胆道科，每一个科室的主任在全国来说都是赫赫有名的，这些主任、教授都是得到吴老传承的。

吴孟超在出诊

上午9点半,患者体内巴掌大小的血管瘤被成功取出,各项指征正常。

吴孟超:好了,切下来了,花掉多长时间?
护　士:15分钟。
吴孟超:出多少血?
护　士:150(毫升)。
吴孟超:好,冲洗。

吴孟超逐个在观察窗口巡看

吴孟超走出手术室,背着手,侧着脑袋,逐个地趴在其他房间的观察窗口巡看,像个监督学生上自习的班主任。

张　鹏:他不过瘾的话就会到各个手术室溜达,就是馋手术,正好碰到别人困难的时候，他不管人家让不让上，但是人家也不敢不让他上啊。他就赶紧去洗手："我来，还没有我快，磨磨叽叽的。"

显然，这一刻，其他手术室没有吴孟超认为的"困难"。他有些落寞地踱出手术室，翻看第二天的手术安排。

吴孟超：明天有什么手术？有没有我的？……没有排，没有排我。

护　士：休息休息吧。

吴孟超：排吧！怎么搞的一个都没排。你去排一个。

记者手记
JIZHE SHOUJI

我是记者肖源。

大海退潮后,海边的沙滩上,留下许多被搁浅的小鱼,在烈日下等待它们的,似乎只有死亡。但有一个孩子,一条一条地捡起这些小鱼,重新放归大海。

过路的人问:"孩子,那么多小鱼,你捡得过来吗?一条小鱼而已,有谁会在乎呢?"孩子一边不停地往海里放鱼,一边说:"你看,这一条在乎,这一条,也在乎。"

吴孟超先生就像故事中的这个孩子,60年来,心无旁骛,坚定地站在自己选择的道路上,积以跬步,终成千里。

吴孟超说,为医之道,最要紧的,是一个"德"字。对病,要快、要准、要狠;对人,要慢、要拙、要仁。这是恩师裘法祖教导他的,而吴孟超,也是这么教导他的学生的。

医者仁术,仁德者寿。手术台前,抛起高温消毒后的手术衣,双臂顺势滑入袖中,我相信,这个94岁的老人,还年轻。

——采访于2016年

郑敏

哲学在左，诗在右
XIANSHENG

郑敏，"九叶派"诗人，福建闽侯人。1920年出生于北京，1939年考入西南联大外文系，后又转入哲学系，其间受老师冯至先生影响开始诗歌创作。1948年赴美留学，攻读英美文学硕士学位。1955年回国，后进入北京师范大学外语系从教。1981年，诗集《九叶集》出版，郑敏因此与穆旦、王辛笛等九人并称为"九叶诗派"，在中国现代主义诗歌中独树一帜。

扫码收听音频

郑　敏：请进，请进。

记　者：给您送一束花。

郑　敏：哎呀，这个花太艺术了。

记　者：您喜欢就好。您身体还好啊？

郑　敏：还可以。我也不记得我多少岁，快100岁了。

记　者：对，忘掉年龄是最好的。

郑　敏：日子快得就像翻日历那么快。

虽已是初夏，郑敏先生依然穿着一件枣红色毛衣，一头银发长过肩头，黑色的卡子随意别着，任头发四散飞扬。不是想象中老人的模样，却有想象中诗人的独特。

年轻时的郑敏

记　者：诗人都是要长发飘飘的感觉。

郑　敏：我是不想梳纂儿，但是我觉得短发我不太想要。确实我有过一阵刚剪短的，那简直就像四五十岁的，不像我了，看着太年轻了，我不想演那个年轻的角色。诗人不是两个脚扎扎实实插在地球上的，可能那样的话她就不会写诗了，干脆就写每天日记什么的了。我觉得人有脚踩两只船的需要，一只是要扎扎实实的物质世界，另一只可是精神世界。

也许是经常沉浸在自己的精神世界的缘故，九十六载时光似乎并没有在郑先生身上留下太重的印迹。不用拐杖，行走便利；不戴助听器，交谈自如。翻飞的日子虽然让她无法清晰记得自己的年纪，哲学和诗，却似乎无比活跃地在她的脑际盘旋。

记　者：您这一辈子如何在哲学和诗之间找到一个特别好的契合点？

郑　敏：前两天我还问我自己呢，我觉得是永远不会有答案的。哲学是永远没有固定的答案的。

记　者：那诗呢？

郑　敏：诗有一个好处，可以代表你现在的自己，你要替别人写就不见得对了，可是你自己如果有一个角度，就知道你自己目前是在哪一种。

1939年，19岁的郑敏考进西南联大，度过了她心里"最幸运的岁月"。20世纪40年代的昆明,云集了中国几乎所有的大学者,氛围平等而开放。闻一多上课时叼着烟斗,黑板上一个字也不写。沈从文刚好相反,特别爱板书。卞之琳诗人气质浓郁,汤用彤个子小,嗓门却特别大。在这思想自由碰撞的氛围中,郑敏滋生了对诗的兴趣。大三时,她心存忐忑地将自己的诗作递给时任德文教师的冯至先生,得到了温暖而真诚的鼓励:"可以写下去,但这条路很难走。"一句话,让郑敏结下了与诗歌长达数十载的缘分。1949年,她的首部诗集在巴金先生的编辑下得以出版。

郑先生家中摆放的西南联大建校75周年纪念牌

郑　敏:《对春阴的愤怒》
　　　　春天的赤脚在门外闪过
　　　　然而她是不自由的
　　　　小草们在地下哼哼着

我门前的合欢树冠像黑丝网

把自己的影子投向天空

……

郑先生家的书架上大多是诗集

1981年，郑敏与几位诗友将写于20世纪40年代的诗歌整理出来，推出合集《九叶集》。"绿叶"，是他们对自己诗歌的定位，即主流正统之外的点缀。但恰恰是这本《九叶集》，成为20世纪80年代新诗觉醒的先声。北岛等"朦胧派"诗人看到诗集曾大吃一惊："我们想做的事情，40年代的诗人竟然已经做了。"

诗人总是特立独行的，学哲学的女诗人更是不同寻常。北京师范大学章燕教授是郑敏先生的学生，在她的记忆里，当年的英美文学课是坐在郑先生家的沙发上听的，吃着点心，喝着茶。

章　燕：她的教学方式很自如，很潇洒。不是跟你一本正经、板起面孔来教学，她都是结合自己创作的亲身体验，还要结合她对当代中国诗歌的一些问题来进行探讨。她作为一个知识分子，令我感到影响我最大的、也令我非常倾心的地方，就是她不断追问的精神。

郑先生从不喜欢聊家常，开口不是中国诗歌，就是中西方文化交流，从中到西，由古至今。对这个世界，她永远充满孩童般的好奇。

章　燕：她都是一些大的哲思问题，我觉得她的生命里面就渗透了对学术、人文和人类的关怀的情怀。

记　者：而且这种关系好像不随她年龄的增长而变化。

章　燕：不随她的年龄的增长而衰退。她一直是这样，非常敏锐地去观察，去积极地思考。

郑　敏：知识就是我最幸福的、最甜的东西了。我愿意跟得上世界，我不愿意落后。

记　者：每天还是带着特别多的好奇来看这个世界？

郑　敏：那我的整个生命里就是好奇，没有好奇我就太闷了。

岁月让郑敏选择性地忘记了很多事。比如，她曾受聘为美国加州大学客座教授，主讲中国诗歌，并赴世界各地讲学；比如，她的诗歌《世纪的脚步》入选"21世纪诗歌排行榜"第一名。如今仍留刻在脑海中的，就是一辈子的心头好，哲学与诗歌。

郑　敏：我不过是一个小小的生命在这就是了，我可以自己站在这个角度，我今天觉得这个恐怕不太对，那个恐怕是更对的，而且我还有机会跟人交流，这已经是很幸福了。

记者冯会玲采访郑敏先生

记者手记

JIZHE SHOUJI

我是记者冯会玲。

郑先生的茶几上,摆着一幅和老伴童诗白先生的合影,身后是蓝天碧海,郑先生的大红纱巾随着海风飘起来。两人在美国留学时相遇,互问方知是西南联大的校友,两个月后便闪电式结婚。童诗白先生后来成为我国电子学学科的奠基人,两人一生最大的共同爱好是音乐。2005年,童先生就去世了,可采访中,郑先生却告诉我,老伴去上班了,每天晚上吃完饭才回来。

说起哲学问题,说起诗,96岁的老人仿佛瞬间激活了所有的脑细胞,古今中外,侃侃而谈,稍不留神,就无法跟上她的逻辑。原来,96岁,也可以自如地拥有诗和远方,该留下的留下,该淡忘的淡忘。

——采访于2016年

方汉奇

三尺讲台，一世书香

XIANSHENG

方汉奇，新闻史学家。1926年出生于北京，1951年起先后在圣约翰大学、北京大学和中国人民大学任教，从事新闻史教学研究超过60年。所著《中国近代报刊史》《中国新闻传播史》等成为国内新闻学院最权威的新闻史学教科书。

扫码收听音频

5月的早晨，人民大学校园里的月季正开得姹紫嫣红。90岁的方汉奇先生随手拍了一张照片，给远在美国的儿子发微信："今天早上的人大小花园仍然春意盎然。"

> 方汉奇：微信真好，你看微信还能传照片，还能传语音。这是人大老师的群，这是我们方家亲戚的群，这个是学生……

方汉奇先生在书房工作

不仅微信使用熟练，方先生还是国内最早一批网民，更在微博轻松收获了160多万粉丝。他喜欢和来访者用相机的自拍模式合影，也不拒绝和别人互加微信关注。他说，年龄不是障碍，他对什么都感兴趣。

> 方汉奇：我什么都感兴趣，马克思的那句话，凡是人类感兴趣的，我都感兴趣。新闻工作者感兴趣的，应该是所有人都感兴趣的。

也许是出于这样的好奇心，1950年，当方汉奇从苏州国立社会教育学院新闻系毕业，阴差阳错来到上海新闻图书馆工作时，面对浩如烟海的旧报纸，他居然饶有兴趣地一份份读了下去。

20世纪80年代，方汉奇在工作中

> 方汉奇：那又是一个富矿。它有500多种报纸，《申报》《新闻报》是全套的，多少的时间投入都不嫌多，这工作

> 太好了，整天看报。我就住在图书馆楼下底层的宿舍，楼上就是报纸，钥匙在我手里。除了日常生活之外，时间都是自己的，礼拜天也可以利用。

3年多的时间，细细研读了已出版78年的27000多份《申报》，方先生这一生的目光再也没有离开新闻史。而后从北大到人大任教，他成了中国新闻史学研究的开拓者，也成了深受欢迎的一代名师。

有学生谈起方先生的课，用八个字形容：满座叹服，惊为天人。他讲梁启超，随口就可以背出一篇千字政论，一边背诵，一边踱步，兴之所至，旁若无人；讲到一个历史人物或事件，他能讲出与此相关的正史、野史，就像在说单口相声，常让学生听得忘了下课。弟子王润泽教授说，很多史料都在方先生的脑子里。

> 王润泽：他的课上得好极了，很多史料在他的脑子里都串成串了，拎出一个点来，围绕着这个点的很多的当时的掌故、著名的人物、彼此之间的关系，大事件、小事件，还有事件之间相互的关联，他全都讲得清楚。所以这是一个历史大家。

方先生却说，他不过是站好一班岗而已，课讲不好的老师，该打屁股。

> 方汉奇：把课讲好是理所当然的事情。课讲不好，该打屁股。但是师不必贤于弟子，弟子不必不如师。一代人有

> 一代人的任务。学问不是你一个人都能做完的，让年轻人接着做。我作为这个学科的一个时间段的工作者，我就站好我自己这班岗。

但很多人并不知道，为了站好这班岗，他在半个多世纪的时间里日积月累做了10万张资料卡片，最后又全部捐给了学校。

> 方汉奇：卡片就是图书馆那种书名卡，有一个标题提示内容，中间就是你摘录的文字，摘录的文字对你从事某一个方面的研究是有用的，第一手材料，然后注明它的出处。做卡片实际上就是一个工具，是一种手段。这个手段我尽量地介绍给年轻人。

为了站好这班岗，他坐得了冷板凳，守得住旧书斋。50多万字《中国近代报刊史》，他订正前人错误200余处，是迄今为止被引证最多的新闻学专著。之后，他组织编写《中国新闻事业通史》，耗时13年；《中国新闻事业编年史》，历时超过20年。这些都成为中国新闻史研究最权威的教材。

> 方汉奇：当好老师你就得当好学生。你就得学习，就得看书，看书就会有一些感触，有一些感触你就有一些冲动，想完成一点什么任务，这个成果就这样一个一个地实现。

而在后学者的眼里，默默站岗的老师，已将自己站成中国新闻史研究的"指路人"。

1948年方汉奇发表的第一篇论文

> **王润泽**：他这种基础性的工作，对于我们后来人的研究，那简直是功德无量的。就像是中国第一幅地图一样，你没有地图，你怎么知道重要的矿产在哪里，重要的河流在哪里、重要的城市在哪里，哪有这种概念啊！

年华似水，校园里永远不缺少青春的面孔。90岁老人，终难躲过岁月的侵袭，方先生每天吃8种药维持机体的运转，但岁月似乎又从未让他真正"老"去，他依然目光敏锐、思路清晰。他还在继续写着日记，不是用纸笔，而是用电脑。几个月后，他的第

50名博士研究生即将报到。

> 方汉奇：历史有很多偶然的东西，大的周期个人是没法左右的，在这个大的趋势当中你做好自己的工作，你把握住有利的机会，能够做到这样就可以了。

方汉奇先生的书房

记者手记
JIZHE SHOUJI

我是记者章成霞。

坐在方先生的书房里,仿佛陷入一座书的城堡。十来平方米的空间四壁皆书,从地板直抵天花板,并向过道蔓延,只留一方书桌用以工作,一只沙发用来待客。如果将书架上的书拿开,你会发现,后面竟然还藏着一层书。原来,这是方先生特意设计的。为了方便找书和拿书,他甚至专门购置了梯子和望远镜。

书城围住了方先生,却从未让他放弃对城外的好奇。在和方先生相互关注微信时,我发现,他的微信名是英文"coco",一问才知道,这是方先生儿子家宠物狗的名字。失笑之余,不禁感慨,90岁的方先生竟然是那么新潮,或许因为,他毕生研究的不是其他历史,而是新闻史。

——采访于2016年

李道增

一生的剧场
XIANSHENG

李道增,建筑学家、中国工程院院士。1930年出生于上海,清末重臣李鸿章后裔。师从著名建筑学家梁思成,1952年毕业于清华大学建筑系,之后留校任教,曾任清华建筑学院第一任院长,在中国剧院设计和研究领域,他堪称开山第一人。北京天桥剧场、中国儿童剧场等均为其代表作;长达150万字的巨著《西方戏剧剧场史》,成为国内首部跨越戏剧与建筑两个学科的学术专著。

扫码收听音频

仲夏夜，清华园。月光倾泻在一座砖红色的圆形建筑上，格外典雅。清华人把这里叫"大剧场"，也叫"大讲堂"，艺术又学术。舞台上正在上演中央芭蕾舞剧团的《罗密欧与朱丽叶》，一位耄耋老者坐在前排，和全场观众一道，如痴如醉。他，就是这座建筑的总设计师——李道增。

李道增：每个剧场地点都不一样，南方北方也不一样，要求也不一样。我们一开始就找了专门搞声学的人，参加我们的队伍，比较讲究质量。

新清华学堂

清华的剧场，声效堪与国家大剧院媲美。包括这座剧场在内的一组建筑——新清华学堂，2011年落成，既是李道增先生的封山之作，也是他献给清华百年华诞的礼物。李道增17岁进入清华，从此未曾离开，在夫人石青心里，先生无疑想为母校建一座最好的剧场。

> **石　青：**先生讲的是，作为一个剧场一定是要让演员好演、导演也觉得很容易在里面做他的文章，也让观众能够得到互相的感情交流。

1947年，李道增以高分考取了清华大学电机系。作为晚清重臣李鸿章的后代，李道增形容自己的家庭熏陶是"半新不旧，不中不洋"，实际上，他的国学和英文都非常出色。或许正是这中西合璧的教育背景，让李道增入校不久，便对建筑产生了浓厚的兴趣。彼时，著名建筑学家梁思成、林徽因夫妇刚刚从美国回来，在清华创建了建筑系。他们那部开中国古建筑研究之先河的《中国建筑史》让李道增着了迷，人生便这样掉转了船头。

当年的清华建筑系只有20多名学生，但梁思成和林徽因两位先生执教却毫不含糊，重专业更重国学，重理论更重实践。梁思成曾感慨："城里到处是房子，但是缺少建筑。"这句话，在李道增心里敲打了一辈子。

1952年，李道增毕业留校，成为梁思成先生的助教和左膀右臂，他选择了剧场建筑作为毕生的方向，而他此生最大的遗憾，则是与国家大剧院的设计擦肩而过。

1958年，为庆祝中华人民共和国成立10周年，国家大剧院的建设曾被提上议事日程。几经评比，当时年仅28岁的李道增主持设计的方案被选中。

梁思成先生（中）与学生李道增（左）、林志群（右）合影

  石 青：当时李先生刚升了讲师，带了12个高班同学，就是毕业班的同学（来做这个设计），就是这么多人。那时候1天等于20年，真的是敢想敢干，没日没夜。

清华大学从建筑系、土木系等抽调了300名精兵强将，具体设计方案及图纸全部如期完成。可到了破土动工的时候，却因经费有限被叫停。这一等，就是40年。

  石 青：应该说国家大剧院当时不建，是最大的一个事。盖了就是一个历史性的、很重要的一个（建筑）。

1997年，国家大剧院重新招标，最终三个备选方案之中，仍有一个出自李道增之手。遗憾的是，经过漫长的论证与等待，李先生的设计落选了。即便如此，从而立的血气方刚，到古稀的从心所欲，40年的等待并没有消磨掉李道增先生对建筑的热爱，因为建筑，是足以烙在人心里的存在。

> 石　青：我也问先生，你做了这么多，你最喜欢哪一个啊？
> 他说，盖起来我都喜欢，没有盖，我虽然很遗憾，但是我也还是很喜欢。

李道增先生的著作

　　建筑是凝固的音乐，更是文化积淀的艺术，剧场建筑又是最复杂、设计难度最高的建筑。如今，李道增的弟子中有十多人专门从事剧场设计，他每每鼓励学生，不能就建筑论建筑，而要从社会、经济、文化各个层面着眼。弟子何红雨说，最近李先生向他们推荐的，是美联储主席格林斯潘关于金融领域的观点,称对思考建筑有帮助。

> 何红雨:比如说我们作为学生提出的一个思路,他很少驳回你,说不行,你这个不可以。他会说:"嗯?可以考虑,我们再看看,这个思路怎么样。"我觉得,他的思维方式是开放的,这一点对我们的帮助特别大。

自20世纪90年代至今,我国新建和改建剧场达数百个,连一些县城也拥有了大剧院,其中60%以上占地面积在1万到5万平方米之间。在李道增看来,剧场规模太大并不可取。他一生坚持,建筑师得像裁缝一样,讲究"量体裁衣",神居于形。

> 李道增:有很多建筑师他不甘于做服务工作,好像是你必须听我的,这就颠倒过来了。

李道增和夫人石青在病房里接受记者王楷的专访

记者手记

JIZHE SHOUJI

我是记者王楷。

在李先生家中有一幅肖像,是他亲手为夫人绘制的素描,一尺见方,微微泛黄。我忍不住问,先生年轻的时候是什么样?石青女士笑了,称刚认识李道增那会儿,他忙起来没日没夜、蓬头垢面,有时倒在椅子上就睡。平时身上穿着补丁散落的棉袄、裤子,一副不修边幅的"拼命三郎"形象。

主持设计新清华学堂时,李先生已将近80高龄,仍是那个著名的"拼命三郎",亲自画图、事必躬亲,夜以继日。弟子当中流传,80岁的他,骑着电动自行车在校园里疾驰。别人笑着喊他:"李先生,您可千万不能再这样了啊!"他却一脸得意的模样。他亲手设计的建筑伫立在时光当中,而他心中对于真和美的渴望,也将永远不会停息。

——采访于2016年

乐黛云

采撷东西，和而不同
XIANSHENG

乐黛云，北京大学中文系教授、博士生导师、中国比较文学学科拓荒者。1931年出生于贵州贵阳。1987年出版的《比较文学与中国现代文学》奠定了中国比较文学的基础，1988年出版的《比较文学原理》成为比较文学研究的经典教科书。她还率先在北京大学比较文学研究所建立起中国第一个比较文学方向的硕士点、博士点和博士后流动站。

扫码收听音频

乐黛云：我早就退休了。从北大退休以后就在北外，他们又聘请我做兼职教师，一共招了8个博士生……

乐黛云笑意盈盈地坐在椅子上，虽然已是85岁高龄，却依然满头黑发，思路敏捷，语言轻快。眉宇间，当年意气风发的影子仍依稀可见。

在北大读三年级时的乐黛云

乐黛云：那时候我考取了5个大学，有北京大学、中央大学、中央政治大学……我就一心一意要上北大。可那个时候正好是围城的时候，1948年，我们家里都不赞成我来，一个17岁的小姑娘，到了北京以后举目无亲。可那个时候我就是一心要革命，可是自己并不知道革命是什么，就是一个比较空的理想，所以就坚决上北京来了。

从不左顾右盼，也不犹豫彷徨，乐黛云的性格中有一种天生的执着与激情，积极向前是她人生的底色。她是北大学生运动的积极参与者，曾作为学生代表到捷克斯洛伐克参加世界学生大会，曾经和同学一起秘密出版地下刊物。即便办一本杂志，也要起个"当代英雄"这样扎眼的名字。

1985年，乐黛云与季羡林在中国比较文学学会成立大会上

乐黛云：那个时候我在中文系当教师支部书记，我就觉得我们应该有一个我们自己的年轻人的杂志，应该有些新的东西，所以叫作《当代英雄》，所以就说我们这个太狂妄了，当代英雄是无产阶级，你们这叫什么英雄，后来因为这个就变成了右派了。我们一共有8个人，都是中文系的年轻教师。

被打成右派下放到北京远郊劳动改造，"文化大革命"中又被迫到江西办草棚大学，20年的时光打磨，乐黛云并没有因为命运的困厄而变得谨小慎微。"文化大革命"刚一结束，国内就有了来自欧美国家的留学生，别人唯恐避之不及，她却并不在意。

乐黛云：那个时候是1978年，因为跟外国人接触很害怕的，觉得是很麻烦的事情，不知道什么时候就会出什么问题，他们的事情也很复杂的，没有人愿意去。

乐黛云被安排成为留学生的老师。谁知这一安排，竟改变了她的后半生。

青年时期的乐黛云与汤一介

乐黛云：在我准备课的过程里边就突然发现，中国现代文学离开了西方文学是不可能讲的，因为都是在西方文学的影响下发展的，所以我自己就觉得要做现代文学，必须要有一个外国文学的参照。

年过半百的乐黛云一如年轻时那般充满激情,她在北京大学不断开设新课,从"比较文学原理"到"20世纪西方文艺思潮与中国小说分析",从"马克思主义文论:东方与西方"到"比较诗学"……选课的学生遍及中文、英语、西语各系,教室总因太小而一换再换。

> 乐黛云:人类的文学总会有一些相通的地方,这是无可置疑的。可是我们在做文学的时候,必须要看到它的不同,因为如果不了解差别,完全变成一样的,就不会再有很多不同颜色的东西,文化就很难再发展了,就是中国古代所讲的和而不同。

在她的学生、中国社科院研究员张锦看来,乐先生的课之所以广受欢迎,不仅是因为比较文学独特的视角,更是因为她一直保持的先锋姿态。

> 张 锦:这个学科可能在很多人那里马上就是占山为王,这个学科就被固定下来了。但不,乐老师之后又把"熵"的物理学的理论和比较文学结合起来。在我做博士论文的时候,我用到了福柯的一个概念,叫"异托邦",乐老师就希望把这个新的思考和比较文学联系起来。

中国比较文学的拓荒者、学科建制的第一人、博导、教授,这样的成就,在外人看来高山仰止,然而乐黛云最热衷的却是鼓励后学。

> 张　锦：即使你跟她的学术观点有很大的冲突，她依然非常鼓励，以之为欣喜，而不是说像有些学科的长老，成为这个学科的障碍，（后生晚辈）就好像要从他那获得合法地位。可是乐老师不是，她就是希望我扶你一程，把你送上去，让你走得更好。

彼时，已经是85岁的乐黛云先生，仍然保持着先锋的姿态，她的下一本著作《跨文化对话方法论探索》已经启动。

> 乐黛云：因为这个没有人做过，还是一个新的想法，一个新的探索。如果还能活10年，就把它写出来。就是觉得自己有一个理想的话就不能随便放弃，再大的困难也没有关系，应该做一点事情，为国家有担当。

记者王宗英与乐黛云合影留念

记者手记

JIZHE SHOUJI

我是记者王宗英。

不少学术圈外的人听说乐黛云,是因为她的先生——哲学家汤一介。两人在未名湖畔携手漫步,一圈又一圈,从中年到老年,曾是燕园一景。几年前,夫妻俩曾出版过一本随笔集,书名叫《同行在未名湖畔的两只小鸟》。两年前,汤一介先生走完人生最后一程,上千名社会各界人士前往送别。乐先生以"你的小黛"向相伴60年的丈夫做最后的书面告别。她写道:"未名湖畔,鸟飞何疾,我虽迟慢,誓将永随。"然而,据说葬礼当天,乐先生始终以微笑示人,眼见有人湿了眼眶,她反倒安慰起送别者,希望他们能坚强面对,还有别的大事要做。

——采访于2016年

张存浩

急国家之所急
XIANSHENG

张存浩，物理化学家、中国科学院院士、中国高能化学激光奠基人、分子反应动力学奠基人之一。1928年出生于天津。曾多次荣获国家自然科学奖、科技进步奖，并获2013年度国家最高科学技术奖。2016年1月4日，国家天文台将编号为"19282"的小行星命名为"张存浩星"。

扫码收听音频

出身科研世家，初次谋面的张存浩先生，如邻家长者，儒雅、热情、谦和。尽管受腰痛困扰、走路微微倾向一边，他仍面带微笑、张罗着招待。这样一位手势和语速都略显迟缓的清瘦老人，实在难以与他"张着急"的绰号联系起来。先生听闻，说自己认准的事儿，的确是着急得很。

张存浩：对自己说好听点呢，就是有点只争朝夕的想法，此时不干，更待何时。

1950年，他拗着从小把他带大的姑母的意思，便是如此急切地放弃了在美国继续读博的机会，瞒着家里人买下船票，执意回到当时条件非常艰苦的祖国。

张存浩：我当时就是觉得，美国人帮着蒋介石，那么欺负我们。后来抗美援朝开始了，我总想着一有机会就要回去，不在那儿待了。

回国后，张存浩开始了"急国家之所急"的研究之路。一句话，中国缺什么、什么落后，张先生就忙着研究什么、抓紧赶上去。22岁回国，28岁，他就站在了我国首届自然科学奖的领奖台上。他和同事们一起研制的水煤气合成液体燃料，即人造石油的高效催化剂和流化床工艺，达到世界领先水平；36岁，正值火箭技术从无到有的年代，他又转行在火箭推进剂及其燃速理论上取得突破。1973年，下放刚回来的张存浩，在一穷二白的条件下，组建了化学激光实验室。

张存浩：那时我们胆儿也比较大，要说很大的包袱倒也没有。当时做水煤气也是，因为没有石油不能打仗，所以只能说，我们为了适应国家的需要做了这个石油。化学激光，也不能吹这个牛，做出来了就证明我们当时多准确，当时只是觉得有可能做出来。觉得外国人能干的，我们也能干。

张先生家的照片墙，整整一层用来摆放2013年科学技术奖励大会的照片

正是这道高能的化学激光，2013年为张存浩带来了迄今为止只有25个人获得的国家最高科学技术奖。然而在20世纪80年代，化学激光研究并不被看好，资料、仪器、设备，样样都缺，甚至科研经费都是问题。没有钱怎么办？张先生的急脾气又上来了，

当机立断：借！

> 张存浩：当时跟国防科工委借过钱，这30万是有的，而且很准确。

1986年，转机出现了。"863计划"将高能激光作为重点内容，可愁人的是，认同化学激光的专家并不多。张存浩又急了，甚至和同行们打起了赌——不管别的激光经费有多少，化学激光只要十分之一，一样能研究出成果。

> 张存浩：1986年的时候我们就去开会了，科学院想规划一下，包括科工委就说，只要电子激光；化学激光？不要！但后来因为他们也看出点苗头来了，我们也还是有前途的，说不要也没什么根据。

大概是这劲头实在打动人，经费真的有了，但也真的只有十分之一。当时自由电子激光取得了3000万经费，而化学激光只有400万，张存浩硬是凭借着有限的经费，研制出我国第一台连续波氧碘化学激光器，带领化学激光成为高能激光领域的一枝独秀。

20世纪90年代，张存浩先生调任国家自然科学基金委员会主任，这回让他着急的是国内优秀科研人才断档。从海外吸引人才靠的是项目，但是没有启动资金怎么办？

> 包信和：大概是1994年的时候，基金委推出一个国家杰出青年科学基金。当时我刚回国，有时候这不是钱的问

题，是这个领域能不能被大家认可的问题。(基金)对我这个研究组从初创开始，慢慢长到一定的规模，起到了非常大的作用。

包信和并不知道，这笔国家杰出青年科学基金，是张存浩先生连续两次上书国务院的结果。

张存浩与同事探讨实验问题

张存浩：这个方案是连夜赶出来的，他们还给方案起了个名儿叫"连夜稿"。

在他的学生、中国科学院院士杨学明看来，正是通过这条路，让青年学者们的科研项目能够落地生根，这是张先生对后辈们最实实在在的提携。

杨学明：我觉得这个国家杰出青年科学基金对科学人才的发展非常重要，它是看人的，让你觉得有做下去的信心和支柱。它造就了一大批青年科学家，现在新当选的大部分院士，都是得过这个基金的。

88岁高龄，科研是做不了了，张存浩先生又在替年轻人的成长着急，举荐他们申报国内外科技奖项。安享晚年在张先生这里，是只求心安，而非身安。

张存浩：我是觉得，应该给他们创造条件，很难说就是最好的，但是比较好的之一，可以让他们上去竞争。做这个事情，我还是无怨无悔。

张存浩先生的书房

记者手记

JIZHE SHOUJI

我是记者刘祎辰。

是时光,让张先生一点一点慢下来。他的学生说,先生直到几年前还记忆力超群。但坐在我面前的老人,追忆往事时,一些片段已经需要停下来寻思很久,手抬起微微晃着,似乎要在过往的岁月中打捞些什么。

先生家的客厅里、书桌上,并没有如想象般堆满科研书籍,更多的是字画卷轴、古典唱片。与夫人迟云霞携手走过60多年,夫人称先生是"绝好的人"。两人从没拌过嘴,最大的共同爱好就是古典音乐。夫人说,从前,先生经常一进门就开心地放声歌唱,她就知道,一定是又有什么难题被解决了。

——采访于2016年

孙家栋

寄豪情，问苍穹
XIANSHENG

孙家栋，运载火箭与卫星技术专家、中国科学院院士、国家宇航科学院院士。1929年出生于辽宁营口。曾担任我国"东方红"一号卫星技术总负责人、探月工程、北斗导航工程首任总设计师。先后获"两弹一星"功勋奖章、2009年国家最高科学技术奖等荣誉，小行星第148081号被命名为"孙家栋星"。

扫码收听音频

"5、4、3、2、1，点火！"

第一颗人造地球卫星、第一颗遥感探测卫星、第一颗探月卫星嫦娥一号……中国航天史上一个又一个第一次，87岁的孙家栋都亲自参与。一回回坐在发射场，总还是像第一次一样，心脏"怦怦"跳的声音都能清晰地听见。

孙家栋：有一次天气就是不好，又打雷又下雨。最后逼着搞气象的人，你无论如何给我讲清楚，5分钟以后到底这块云彩过去没过去。

记　者：好难为做气象的呀。

孙家栋：最后确实就抓住这个窗口了，火箭发射出去以后，几分钟的工夫，地面全部的电都停了，你说你那个时候是个什么心情？

1958年，孙家栋在苏联学习了7年飞机发动机专业，带着亮闪闪的金质奖章回国，却从事了长达9年的导弹研制。之后又被钱学森先生亲自点将，在要资料没资料、要经验没经验、要专家没专家的窘境下，研制"上得去、抓得住、听得着、看得见"的卫星。

孙家栋：唉，难到什么程度？第一，不知道这个事怎么干；第二，大家都没干过；第三，你要干这件事情，要用的东西，没有。那可以说是，一穷二白。

1970年，孙家栋参与研制的中国第一颗人造地球卫星"东方红"一号发射成功。那一年，他41岁。

年轻时的孙家栋

孙家栋：那天公布了以后，我们坐车就往天安门跑，到了天安门已经进不去了，已经人山人海了，都在庆祝。

记　者：当时站在天安门广场多幸福啊！

孙家栋：对，我不是搞文学的，形容不出来这些，哈哈……

半个世纪的航天路，有起也有伏。每一次都如履薄冰，一夜夜辗转反侧，一遍遍回想每一个环节，但有时失败仍猝不及防。

孙家栋：每一次发射也没有一个人敢说这一次是绝对成功的。投资要10个亿，初期干的时候，一个型号干10年，干的人加起来又有10万人，这么大件事，最后一遍按按钮的时候掉链子了，你能受得了吗？

记　者：尤其您……

孙家栋：尤其你是技术牵头的人。第一次，我们改进人家的

　　　　　导弹，上去21秒钟。

记　　者：上去21秒钟，就下来了。

孙家栋：掉下来，离你就这么几百米。脑袋里就没有一分一毫的想法，说我搞这个东西上去还会下来？那时候就傻眼了，就蒙了。尤其是你在大沙漠里面，你站在东边，发射点正好在西边，看着那个位置，那时候太阳已经下山了，半边天都是红的。

那幅场景深深刻在孙家栋心头，隔多少年想起，依然清晰如昨。冰天雪地，几百人在大沙漠里弯着腰一寸寸寻找碎片，有人忍不住一边捡一边抹眼泪。连着几天，孙家栋和同事们几乎把那片沙子扒了一层，逐一检查，终于发现了问题所在。

孙家栋：一块小碎片一块小碎片对起来，最后发现，就是一根导线断了，剩这么1米多长，通过X光一照，里面是断的。正是遇到这样几次大的失败的情况，认识到质量就是生命，质量就是航天的一切。

中国航天科技集团运载火箭技术研究院"长征"三号甲系列运载火箭总设计师姜杰感慨，孙先生就像是后辈心中的"定海神针"。

姜　　杰：火箭直接入轨发射高轨道卫星，最终由孙老总拍板。甚至已经80多岁的孙老总还爬上发射塔架，亲自检查，在关键性问题上，孙老总决不放过。

中国航天科技集团一院展示的我国"长征"系列运载火箭模型

航天科技集团五院北斗导航卫星系统总设计师谢军说,孙老的认真劲儿,有时真是让人汗颜。

谢　军:2007年的时候,在发射场,由于工作不小心,发动机口上的边缘给碰了一下。想看这个发动机损坏的那个地方,结果老爷子直接就趴下去钻进去了,当时也是快80岁的人了。

孙先生腰椎间盘突出很严重,离开拐杖,走路就是件不易的事。没人知道近80岁的孙家栋趴在地上看发动机还记不记得腰痛,更不会有人知道,近80岁还要担任中国绕月探测工程"嫦娥工程"总设计师,这个选择,需要多大的魄力。

"嫦娥"奔月,一朝梦圆是幸运,可,万一失败了呢?

> 牢记使命和责任，为强国之路保驾护航。
>
> 孙家栋

孙家栋先生题词

"飞行正常，此次发射获得圆满成功！"

"嫦娥"一号卫星顺利完成环绕月球的信号传来，航天飞行指挥控制中心内，大家欢呼，拥抱，振臂庆祝。那一刻，亿万观众通过电视屏幕看到了孙家栋，他默默转身，老泪纵横，低头掏出手绢，一遍遍擦泪。

孙家栋：生在中国这片热土上，能有幸从事中国航天事业，这一种成就感那确实是一生都忘不了的。所以有人问我说，你搞了这么多颗卫星，你感觉哪颗卫星最激动？我跟他们说，这都很难分，每一次有它难办的事情。

"总设计师"的头衔要承担多大压力，孙先生从不说；站在国家最高科学技术奖的领奖台上，他却一再告诉别人：我是替所有的航天人去领奖。

航天科技集团五院展出的"嫦娥"一号(左上)和"嫦娥"三号巡视器"玉兔号"月球车(右下)模型

孙家栋：航天事业绝对是一个群体，这个东西不靠集体的成就，天时、地利、人和，没有这个绝对不行。

孙家栋先生接受记者冯会玲采访

记者手记
JIZHE SHOUJI

我是记者冯会玲。

孙家栋先生是一个特别爱笑的人,回忆当年从零开始画图纸的战战兢兢,他忍不住笑;想起发射某颗卫星前的深夜,同事因为焦虑过度想延迟发射,他也笑;放在他办公室书柜里的照片,几乎都是他开怀大笑的模样。经历了一次次惊心动魄的考验,或许所有的得失与过往,在他心里,都可以付之一笑。

采访中孙家栋先生说了多次,可惜我不是作家,描述不出来卫星发射成功那一刻是有多幸福。多想告诉老人家,文字能描绘出万千种幸福滋味,只是他心里的星空与明月,又有几人能够写透呢?

——采访于2016年

谭元寿

最好的传承就是口传心授

XIANSHENG

谭元寿，京剧表演艺术家，"谭派"第五代传人。1929年出生于湖北武昌，17岁为荀慧生配演老生，21岁自行挑班，1954年加入北京京剧院。代表作有传统戏《定军山》《打金砖》，现代戏《智取威虎山》等。他在《沙家浜》中饰演的郭建光，给几代人留下了深刻印象。

扫码收听音频

记　　者：您现在还经常吊个嗓子？

谭元寿：吊嗓子、练练功啊。

记　　者：一个礼拜练几次啊？

谭立曾：每天遛弯都活动活动。

谭元寿：楼底下转一圈……

　　谭老先生家客厅东南角显眼的位置，搁着一张放大了的黑白照片。穿马褂的青年男子儒雅英气。他，正是京剧的创始人之一，谭老先生的曾祖谭鑫培。

　　1929年，谭元寿出生时，谭派已经声名显赫。曾祖谭鑫培自不必说，父亲谭富英又创新了"新谭派"，被誉为"四大须生"之一。

　　5岁，程砚秋带着他唱《汾河湾》；8岁，尚小云告诉他："等你长大了，我带你唱戏。"然而，含着"金钥匙"出生的谭元寿，10岁时依旧被祖父谭小培送入科班"富连成"，一待就是7年。

记　　者：这是谭家老传统啊，爷爷把孙子送去学戏。我听说
　　　　　您也是祖父送去的。

谭元寿：对对。

记　　者：您还记得当时您祖父跟老师说了什么吗？

谭元寿：最主要的要对送科班的师傅说，要求严格，拿刀劈子打人。

　　师傅三板子下去，手指甲就会出血，但跟头还要接着翻。一

年只放3天假,腊月二十三回家,二十七就得返校演出。想跟父亲诉诉苦,谁知谭富英说,你挨的打,连我三分之一都不及。

记　者:我听说您在富连成学了7年,自己说就跟蹲大狱似的?
谭元寿:是,就是跟蹲大狱一样,不许出去,不许出大街门,一年365天,没有别的,天天就是唱戏、学戏。

挨的打历历在目,但轮到送自己的孙子、第七代传人谭正岩上戏校的时候,谭老先生依然对校长说,我知道如今新时代,不许打人,但我的孙子除外,你们该打也得打。

谭元寿在舞台上的照片

继承了"谭派"风格、又借鉴了"余派"的表演,谭元寿嗓音高亢、文武兼备。加入北京京剧院后,他先后尝试了《智取威虎山》《青春之歌》等一系列现代戏,最深入人心的莫过于《沙家浜》中饰演的郭建光。因为他的出色表演,使得这出戏成为现代戏的经典,家喻户晓。他更是曾创造过连演40场的纪录。在儿子谭孝曾口中,父亲谭元寿对表演的执着几乎到了偏执的程度。

谭孝曾:我在后台跟了他几十年,每次7点半开戏,5点钟他准到了。自个儿在那把自己的化妆盒、镜子再擦干净一点,把服装看一看,熨平整没有,厚底儿粉白了没有,都是一样一样地查。等戴上盔头了,也是问歪不歪?较真儿。快上场了,都到台帘了,还要举着一个小镜子,还照呢。什么时候这人该上了,这镜子才撒手。

吊毛是京剧演员的基本功,演员手不撑地,向上纵身翻吊的筋斗,也称为"吊猫"。吊毛是戏曲较难的技巧,一旦出错,有可能终身瘫痪,因此连一些京昆武行演员都很少用。

为了让一些老唱段继续流传，2000年，已经72岁的谭元寿参与了给谭富英早年唱段"音配像"的工作。在出演《问樵闹府·打棍出箱》时，他突如其来的一个跟头，引得满场人一阵惊呼。

记　　者：我听说您72岁的时候，还亲自翻过一次吊毛。

谭元寿：团里的负责人，给找了一个替身，说我年纪大了，怕摔坏了。这么样全安排好了，我也没说，那时候应该打一下招呼，我没打招呼。

记　　者：您当时早就想好了？

谭元寿：当时我心里有底。我想，给我爸爸录像，我翻一个吊毛还得找替身，那就不完美了。结果到那天的时候，把这个吊毛翻了，大伙全惊讶了。

说话过程中经常需要停顿、微微喘气，如今，谭元寿已经很少登台。不过最近，家成了他的另一个舞台，他正试图把部分传统戏重新整改，传授给年轻人。

谭立曾：比如《问樵闹府·打棍出箱》这出戏，现在只有我父亲一个人会，下一代人没人会了，很危机了。他一定要把这些谭派艺术精品传下去。

记　　者：您还直接教啊？

谭元寿：教啊，教。

谭立曾：连说唱带动作。今天说两个钟头，明天说两个钟头，分着说吧，一出戏给他说完了。

谭元寿：主要是传承问题，继承好、发扬好。这个传承啊，不是那么简简单单的，口传心授是最好的。

记者何源采访谭元寿先生

记者手记

JIZHE SHOUJI

我是记者何源。

当我敲开谭元寿先生家门的时候,他执意起身向前迎接,接过我手中的花,又认真读了我的名片。没有想象中京剧泰斗的倨傲,更没有长者的威严。历经一百七十载,到如今已传至第七代的"谭派",称得上是京剧界的传奇。谭孝曾说,父亲谭元寿反复强调,"孝"和"义"是他们的传家宝,"唱戏要高调门,做人要低调门"。

采访最后,我提出想合照。谭老先生于是站得笔直,镜头里他的表情,如50年前《沙家浜》中一样。

——采访于2016年

叶嘉莹

诗，让我们的心灵不死

XIANSHENG

叶嘉莹，教育家、中国古典文学研究专家。1924年出生于北京，毕业于北京辅仁大学国文系。现任南开大学中华古典文化研究所所长。20世纪五六十年代曾执教于台湾大学，并赴美国哈佛大学、密歇根州立大学讲学。1969年迁居加拿大温哥华，受聘不列颠哥伦比亚大学终身教授，1991年当选为加拿大皇家学会首位中国古典文学院士。作为在海外传授中国古典文学时间最长、弟子最多、成就最高、影响最大的华裔女学者，2016年，叶嘉莹获"影响世界华人终身成就奖"。

扫码收听音频

街　采：听她讲古典诗词的时候，你会完全被她震惊，她像是海洋一样，你会觉得在她面前，自己就是一滴水。

街　采：她说，"即使我要倒下，我也要倒在讲台上"，那句话对我有特别大的震撼力。

叶嘉莹：我现在活了快一个世纪了，我这一辈子要做的就是把中国的吟诵传下去。

叶嘉莹：水光潋滟晴方好，山色空蒙雨亦奇。欲把西湖比西子，淡妆浓抹总相宜。（吟诵《饮湖上初晴后雨》）

2017年5月20日，南开大学迦陵学舍。每逢周六，平日里静谧的小院准时热闹起来。旁听者早早来到，将还算宽敞的客厅挤得满满当当。93岁的叶嘉莹先生由人搀扶着，慢慢走向客厅中央，气质怡然。

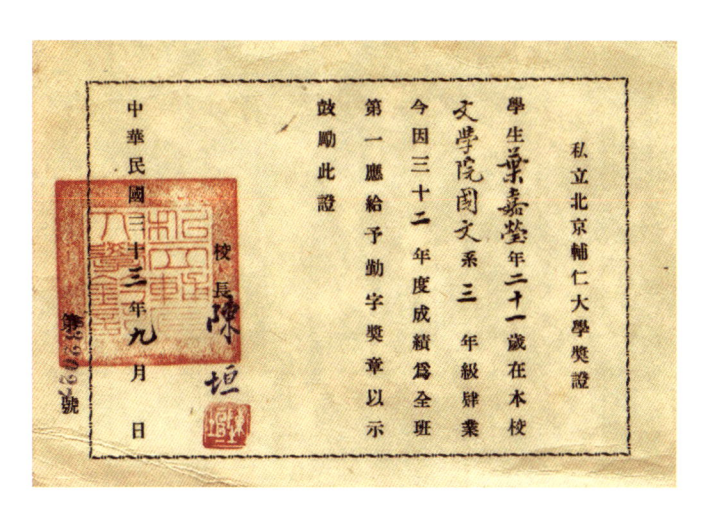

叶嘉莹在北京辅仁大学就读时的成绩证书

20世纪50年代,叶嘉莹在台湾大学任教时为小朋友讲课

叶嘉莹:其实诗歌是有生命的,那个生命到现在也是活的,所以诗歌里边不但有一种感发的生命,而且是生生不已的,是一可以生二,二可以生三的。

这座以她的号——"迦陵"命名的中式书院,于叶先生而言,不仅是她漂泊半生、终于归根的"家",更是她赋予诗词以生命、给世人以感动的文化传承之地。

叶嘉莹说,她想打开一扇通向诗词国度的门,如同老师顾随那样。犹记得1942年国文系二年级时第一次聆听顾先生的课,"恍如一只被困在暗室之内的飞蝇,蓦见门窗开启"。

叶嘉莹:他上课很有意思,他从来没有课本。他是从作诗讲到做人的,是一种哲理,是诗歌里面真正的感发。

真正认识到诗词里面的一种有灵性的、真正的生命，是顾先生教给我的。

迦陵学舍，叶嘉莹先生在南开大学的"家"

生于战乱，长于动荡，叶嘉莹经历了去国离乡的悲哀与痛楚。时代的洪流里，忧患接连而至。17岁，失去母亲，她写了8首《哭母诗》；52岁，女儿去世，她写了10首《哭女诗》。"天以百凶成就一词人"，一生经历的大悲大苦太多，近百年的岁月，很多事情叶先生都已经记不真切，但诗词成了她最重要的陪伴，一生的起伏尽在这抑扬顿挫的平平仄仄里。

叶嘉莹："夔府孤城落日斜，每依北斗望京华。"那个时候我到台湾大学去教书,大概20世纪50年代初吧,我常常做梦回到故乡,当时叫北平。讲课的时候讲到这一句,我就非常感动,几乎要落泪的感觉。

漂泊流离数十载。1978年春天的一个傍晚,叶嘉莹独自穿过温哥华市郊的树林,给祖国寄信,表达回国教书的希望,这是她与命运最后、也是最坚决的抗争。

叶嘉莹:我结婚不是我的选择,我去台湾也不是我的选择,去美国也不是我的选择,留在那么美好的加拿大温哥华,这不是我选的,这是命运。只有回国来教书,是我唯一的、我一生一世的自己的选择。

1979年,叶嘉莹第一次站在了南开大学的讲台上。没有教材、直抒胸臆,让学生们耳目一新,常常听到不肯下课。"白昼谈诗夜讲词,诸生与我共成痴",一时传为佳话。

徐晓莉:在窗户上挂了俩小时,就这么一直挂在外边听,两节课下来手都酸了。(叶嘉莹的学生)

从1945年大学毕业,叶嘉莹就没有离开过讲台,至今已近80年。她说,古典诗词是宝贵的传统文化瑰宝,我不尽到传承的责任,上对不起古人,后对不起来者。2015年,91岁高龄的她精心编辑了《给孩子的古诗词》一书。2016年,她常常深夜为这本书一字一句录制吟诵和讲解,独坐书房,与古人共一轮明月。

1979年初，叶先生第一次从北京至天津，南开大学诸教师在车站迎接

叶嘉莹：我还常常引我的老师说过的一句话，就是"以吾生的觉悟做有生的事业，以悲观的心情过乐观的生活"，不管以空间还是时间来说，个人是狭小而且短暂的，但是文化是永恒的。

叶嘉莹在南开大学的讲座场场爆满

记者手记

JIZHE SHOUJI

我是记者杨宁。

一个小男孩曾问叶嘉莹:"什么是诗?"叶先生反问:"你的心会走路吗?"小男孩疑惑地摇了摇头。叶先生笑了笑,问男孩的故乡在哪里,是否想念那里的亲人。男孩回答得干脆:"远在河南开封,常想爷爷奶奶。"先生点头说:"对了,想念就是心在走路,而用美好的语言将这种想念表达出来,就是诗,所以'诗'就是心在走路。"

近一个世纪的人生,如今生活只剩下一人独居、"剩菜剩饭一热就吃了"的简单,但诗词对叶先生来说,并非苦中寻得的慰藉,而是她的理想,她的生命,她的全部。读古典诗词究竟有什么用,这是叶嘉莹经常被问及的另一个问题。先生一言以蔽之:"诗,让我们的心灵不死。"

——采访于2017年

潘际銮

骑自行车的『90后』院士

XIANSHENG

潘际銮，焊接工程专家、中国科学院院士。1927年出生于江西瑞昌，1993年4月出任南昌大学校长。曾任中国焊接学会理事长、国际焊接学会副主席等职。他身上有太多重量级的第一：他是中国第一条高铁的铁轨焊接顾问，中国第一座自行设计的核电站的焊接顾问，曾成功研制居国际领先水平的爬行式弧焊机器人，科研成果价值极高。

扫码收听音频

孙其星：潘老师今年90岁了，每天都坚持往返将近6公里，我们学生曾不止一次地提出，我们接送他，但是他坚持自己来办公室。（潘际銮的博士生）

潘际銮：我这一辈子主要做了三件事：第一件事，中国的第一个焊接专业是我创立的；第二件事，我创建了南昌大学；第三件事，我在几十年里，为中国工业经济做了很多工作。

潘际銮与夫人李世豫在清华园骑行

潘际銮曾一度被称为"90后"网红院士，源于那张流传甚广的照片。夕阳下，潘先生乐呵呵地蹬着辆半旧的自行车，满头银发、穿一件红马甲的夫人李世豫坐在后座上，歪着头，展开一只手臂。画面定格在清华园的林荫道上，空气仿佛都变得温暖而甜软。

记　　者：您现在还骑车吗？

潘际銮：当然啦，不骑车我怎么过来？骑电动车，从家里骑到这儿大概要15分钟。现在清华唯一的90多岁骑车带人的就是我，她有点儿不敢坐，但我带没问题！

有人说，那个年代的人很稳。爱上一个人，就是一辈子；做一份工作，就是几十年。潘际銮的毕生才华，就是这样毫无保留地献给了他所热爱的焊接事业。

清华机械工程系焊接馆，"潘际銮"三个字高挂在门厅的墙壁上，居于一堆名字里最顶头的位置。1955年，28岁的潘际銮在这里筹建了新中国第一个焊接专业，从零开始的事业，让很多人不解，有人甚至笑话李世瑶："你男朋友是焊洋铁壶的还是修自行车的？"

潘际銮：航母、航天器都是靠焊接才能做出来，所以现在看起来，焊接专业越来越重要，跟当时大家的理解完全不一样。

20世纪60年代初，完成我国自主生产的第一套核反应堆焊接工程；70年代末，研制成功独具特色的电弧传感器及自动跟踪系统；80年代，为我国自行建设的第一座核电站——秦山核电站担任焊接顾问；进入21世纪，攻克高铁轨道焊接接口难题，造就中国时速……潘际銮用一个个这样的节点，焊接起了一份辉煌的个人履历。

潘际銮：一根钢轨，钢厂只能生产100米长，22000公里的高铁全部都是一点点焊起来的，焊了八十几万个头，一个接一个，这个技术是我们自己的。我们的高铁上连一个钢镚都不会倒。连欧洲也做不出来，日本也做不出来，美国人还想学我们的技术。

作为我国第一条高铁的铁轨焊接顾问，潘际銮在查看焊接点的情况

2017年，整整90岁的潘际銮，正在寻求突破如何让100万千瓦的核电站能够正常运转。目前攻关目标是能够承受700多摄氏度高温的焊点。

潘际銮：它的关键部件我就把它焊出来，一分钟转1500转，要转60年不能出问题。

潘际銮用一生的时间,让自己的国家在焊接领域站在了世界前沿,"国家"二字在他的心里绝非一个空洞的概念。1944年,从江西老家逃难到昆明的潘际銮,以云南省第一名的成绩考入西南联大。

> 潘际銮:万里长征,辞却了五朝宫阙。暂驻足衡山湘水,又成离别。绝徼移栽桢干质,九州遍洒黎元血。尽笳吹,弦诵在山城,情弥切。千秋耻,终当雪;中兴业,须人杰。便一成三户,壮怀难折。多难殷忧新国运,动心忍性希前哲。待驱除仇寇,复神京,还燕碣。(朗诵《西南联大校歌》)

读书的目的,就是为国家做贡献。

> 潘际銮:说实话真不是为文凭,我们就是勤奋学习,就是要把日本人打回去。

西南联大,成了潘际銮一生都放不下的情结。65岁,出任南昌大学校长,之后10年,他一直试图在南昌大学推行西南联大的办校理念,坚决实行"学分制""淘汰制"和"滚动竞争制"。人们看到了一向随和的潘际銮罕见的倔强,南昌大学则在他任校长的第五年,进入"211"学校的行列。

潘际銮抵达南昌就任南昌大学校长，与家人合影留念

潘际銮：我想学西南联大的学分制，就是不及格再修，但是中国不允许五年毕业，开除也不行，当年，如果你开除了学生，他可能自杀。后来我就去请示当时的省委书记，他说你要开除哪个学生，我就给他安排工作。他一说我就放心了，然后我去了的第一年就开除了四十几个人。

75岁，卸任南昌大学校长，潘际銮又回到清华大学，继续骑着自行车在家和机械工程系焊接馆之间穿梭。80岁时，他还在一年当中最寒冷的季节，穿着厚棉袄，深夜里站在铁轨边上，测定钢轨的焊接工艺。在北京大学教了一辈子书的夫人李世豫，永远是他最坚强的后盾。

1969年，潘际銮夫妇和子女的全家福

潘际銮：她生孩子我都不知道。

李世豫：他不知道，他出差了，年轻的时候他老是下工厂。

潘际銮：生第一个孩子时我没看见她，也不知道，生第二个孩子的时候也不知道，生第三个我才知道。年轻人有的是一股子傻劲，一心在那儿干活，家里的事一概都没管。

虽然丈夫听起来曾是那么"不通情理"，但采访中，86岁的李世豫眼睛却始终没有从他的身上移开过。丈夫蹙眉，她神色凝重；丈夫说到得意处，眉飞色舞，她在一旁笑得像个孩子。

彼时，90多岁的潘际銮每天还要在实验室工作10个小时，抽空就骑着车子带她去买菜……

记者手记
JIZHE SHOUJI

我是记者张棉棉。

采访中的两件小事深深触动了我。第一件是潘先生对新技术的熟练运用。与先生约好采访那天,不巧下了大雨,他和夫人被困在了路上。我正在焦虑,却看到微信上视频电话打来,两位老人挤在小小的视频框里,争相对我说着抱歉。第二件是潘先生的简朴。作为已经成名半个多世纪的焊接泰斗,他的办公室只有大约10平方米,除了书桌、沙发以及堆得满满当当的书,再无其他。我提出希望到他家看看,一向随和的先生却拒绝了我,理由是,家里比办公室更简陋。

——采访于2017年

巫漪丽

一生只守一架琴
XIANSHENG

巫漪丽，中国第一代钢琴家。1931年出生于上海，曾师从意大利著名音乐家梅百器，与钢琴家吴乐懿同门学艺。1954年，担任北京中央乐团第一任钢琴独奏家，是小提琴协奏曲《梁祝》钢琴部分的首创者及首演者。

扫码收听音频

杨四平：她给我们的印象就像弱不禁风一样，但她一坐到钢琴前面，根本不是八九十岁的声音，所以我说她的每一个音符像裹着芬芳的露珠，在荷叶上跳动。（录音师）

巫漪丽：我一辈子想的，就是跟音乐做伴儿。我们这些人就是老知识分子，老知识分子有一点，就是不求闻达于诸侯。

86岁的巫漪丽颤颤巍巍走上舞台，扶着钢琴缓缓坐下，足足10秒后，关节已经变形的双手才轻触琴键。一曲《梁祝》立即在她的指尖下倾泻而出，如泣如诉。黑白键上的灵动，让人丝毫感觉不到耄耋老人的迟缓。这架钢琴，巫漪丽已经整整厮守了80年，而这首《梁祝》，也不知在心中起起落落了多少遍。

巫漪丽在故乡举行专场音乐会

巫漪丽：《梁祝》是1959年的献礼作品，人家都要求要听《梁祝》，没有钢琴伴奏，我就从资料室借了总谱来，花了三天三夜写好，所以我是《梁祝》钢琴伴奏的首创者跟首演者。

巫漪丽与钢琴结缘，源自6岁时跟随舅舅看的一场电影，男主角弹奏的钢琴曲萦绕在耳边挥之不去，小小年纪的她竟然失眠了。

巫漪丽：这个曲子原来是肖邦的《即兴幻想曲》中间的那个主调，这个调子就使我感觉到钢琴是个很美妙的东西。我就跟妈妈说我要学，妈妈拗不过我。

学琴第一年，她就拿了上海儿童音乐比赛钢琴组第一名。9岁起师从意大利著名音乐家梅百器。19岁，巫漪丽与上海交响乐团首次合作演奏《贝多芬协奏曲》，轰动上海滩。1955年，24岁的巫漪丽成为北京中央乐团第一任钢琴独奏家，并曾受到周恩来总理接见。

从孩童到白发，巫漪丽和钢琴不知道登上过多少个大大小小的舞台，而她记忆里最特殊的舞台，当数慰问抗美援朝志愿军时那硝烟滚滚的土地。

巫漪丽：当时，总的领队是贺龙，京剧方面有梅兰芳、程砚秋、盖叫天，有马思聪，有周小燕，我就给这些人弹伴奏，我自己也弹一首中国作品。钢琴是他们从地底下埋了25米的深处挖出来的，钢琴键子都不大全，但志愿军非常热情。

钢琴，不仅给巫漪丽带来了无限荣耀，也让她结识了一生的挚爱、中央乐团第一任小提琴首席杨秉荪。两人在北京成家，无论收入有多低，住得有多挤，有琴的地方就是舞台，琴瑟和鸣，就是幸福的日子。

> 记　者：有一些文章里面评价，说您在跟杨先生一起合作的时候，在舞台上您总是甘于做绿叶。
>
> 巫漪丽：对，我愿意做绿叶。

巫漪丽在中央乐团时的留影

十年动荡，一朝梦碎。"文化大革命"中杨秉荪获刑入狱，被判刑10年，巫漪丽无奈与爱人天各一方。

1983年，巫漪丽赴美深造，之后定居新加坡。辗转多年，曾经的辉煌已归于平静，她以教琴为生，几十年踽踽独行，窘迫到房子都是与别人合租。让她能略有慰藉的，是有学生拿了大奖，或是在异国他乡听到有人弹起熟悉的《梁祝》。

> 巫漪丽：反正我的生活跟人家不同。
>
> 记　者：有什么不同？
>
> 巫漪丽：独行侠。
>
> 记　者：那一个人在租住的房子里，你会感觉到孤独吗？
>
> 巫漪丽：弹钢琴就不孤独了。

2008年，巫漪丽出版第一张个人钢琴独奏专辑

巫漪丽在琴键上品味着不一般的人生滋味，但无论身在何处，她从不曾忘记前辈的嘱咐：用钢琴弹好中国乐曲。

> **巫漪丽**：贺绿汀先生，他就觉得应该把中国作品弹好，他说："如果不好好弹，永远是在纸上。"这句话给我印象很深。外国钢琴作品分好多时期，有每个时代的风格，中国钢琴作品也应该有风格。而且中国作品来源更多，有戏曲的，有民间乐曲的，有民间戏剧的，歌舞的，所以一辈子学不尽。

2008年，几经周折，77岁高龄的巫漪丽终于如愿出了第一张钢琴独奏专辑，收录了《松花江上》《娱乐升平》等多首中国风曲目。5年后，83岁的巫漪丽又出版了第二张个人专辑。她特意托朋友从新加坡给身在美国的前夫杨秉荪带去，即使隔山跨海，还是想跟最在乎的人一起分享。2017年6月，巫漪丽荣获"世界杰出华人艺家大奖"。然而，与喜讯同时传来的，还有杨秉荪病逝的噩耗。

　　奖杯被放在了角落，巫漪丽默默地换上白色上衣，把自己关进录音棚里，又弹起《梁祝》，不用曲谱，一气呵成。弹到"哭坟"部分，她似乎把全身气力都集中在指尖，让悲伤在琴键上四溅；转到"化蝶"部分，她柔情似水，像是告别，又似倾诉。巫漪丽的几位知心朋友在录音棚外默默倾听：这是不可复制的《梁祝》，也是她在弹奏自己的一生。

巫漪丽荣获第五届"世界杰出华人艺术家大奖"

记者手记

JIZHE SHOUJI

我是记者冯会玲。

86岁的巫先生,台上神采奕奕,台下只能一步步地慢慢挪动。盛名之下,她在新加坡的日子其实过得并不宽裕。朋友送才算有了新衣,背包破了也不在意。至今不用手机,与外界联络,都还靠一笔一画的书信往来。因为合租,她每天都要错过室友的休息时间才能弹琴。每年都要早做准备,万一房东变卦,到底该搬到哪里。可是,这些困难在她心里,似乎早已激不起一丝涟漪。

晚年,她还常常一个人去听音乐会,关注世界音乐的潮流。于她而言,所谓幸福,是一辈子,只够爱一个人,只愿守一架琴。

——采访于2017年

阮仪三

古城保护，能按住一个是一个

XIANSHENG

阮仪三，同济大学国家历史文化名城研究中心主任、建筑与城市规划学院教授、博士生导师。1934年出生于江苏苏州。山西平遥古城和云南丽江古城保护的主要倡议者，首批"全国十大历史文化名镇"中有五个镇的保护规划出自阮仪三之手，曾先后获得联合国教科文组织遗产保护委员会颁发的"2003年亚太地区文化遗产保护杰出成就奖"、法国文化部"法兰西共和国艺术与文学骑士勋章"。

扫码收听音频

学　　生：他看到很多这样破坏的行为，会非常愤慨，从心里头就会觉得着急、伤心。

学　　生：阮老师他不仅是一个学者、专家，是一个保护历史文化遗产方面的"斗士"，同时也是一个老师。

1980年，阮仪三（左）在常州淹城战园古城遗址勘察

阮仪三：我这一辈子跟历史古城、古镇结了不解之缘，而且我为这些保护竭尽全力，屡战屡败，屡败屡战。光说说道理，光谈谈文章的，这个事不是我们所做的，我说我是保护的行动派。平遥拆得很慢，为什么会慢？钱少，再加上文物部门的人经常在那干涉，说这个东西你们不要随便拆。那么我说你们不要拆了，

> 我给你们另外做个规划，不一定非要拆了城墙、拆了马路才能发展城市。

阮仪三的传奇，从"刀下救平遥""以死保周庄"开始。20世纪80年代，中国进入发展加速期，各地纷纷开始拆老城、建新城，平遥也不例外。1980年，阮仪三还只是位讲师，人微言轻，他只能趁着当地因为缺钱，拆迁暂停的空当，和同济大学建筑系的学生们白天实地考察，晚上不眠不休，做出整体保护旧城、另起炉灶发展新城的规划，再自己背着图纸上北京搬救兵。

阮仪三：郑老和罗老是全国政协委员，他们一到了之后，省长就来了，省委书记也来了，郑老就很有意思的。他说："来，拿支笔，拿张纸来。"他就写："阮仪三平遥历史名城保护规划是'刀下留城'的规划。""刀下留城"就是这么来的。

在当时的全国政协城建组组长郑孝燮、文化组组长罗哲文等专家的过问下，阮仪三牵头的保护规划终于变成了红头文件。"刀下留城救平遥"就此成为美谈。

1997年12月，联合国世界遗产委员会正式将平遥古城列为"世界文化遗产"。也正是从平遥开始，阮仪三率先提出了"古城保护规划"这一课题。1985年起，建设部委托同济大学开办了"城市建设领导干部培训班""历史文化古城保护培训班"，阮仪三长期担任班主任。

1996年，阮仪三在山西为平遥"申遗"奔走

阮仪三：关键的人物，建设科长、城建局长，管城市的人大常委会主任都弄到同济大学去培训。你说没钱，我说不要你的钱，免费的！你过来，然后我给你们上课，免费上课。两个月回去，下半年再来两个月，再来人，一批一批，包括江南水乡、周庄、同里、乌镇……

阮仪三的执着是出了名的。2000年，为了发展周庄的旅游，苏州市规划修建一条公路，准备从周庄的西北侧穿镇而过。一直关注周庄保护、曾主动上门为当地政府送上规划方案的阮仪三认为，这条路显然会破坏周庄的整体格局，因此坚决反对。他说："实在没办法了，开路的话，我就躺到马路上去，让汽车把我轧死算数！"

阮仪三：该骂的就要骂，骂就是用比较激烈的语言让他晓得痛，同时，其他看骂的人，他也觉得骂到点子上，也痛快，也能受到教育。你假如用比较平婉的语气，他还不觉得这是个问题。

生活在上海，任教于同济，阮仪三对上海的古建筑保护格外关注。上海外滩号称"万国建筑博览会"，但也同样有着城市发展与遗产保护的矛盾。什么样的建筑可以进到外滩，阮仪三的眼里揉不进沙子。

阮仪三：有几幢楼，一幢联谊大厦，一幢金陵大厦，一幢文汇报大楼,我说这三个楼,破坏了我们老外滩传统的轮廓线,这三个房子都应该腰斩!报纸上登过了,所以这也引起人家的不满了,设计这三个房子的两个老先生都打电话给我:"阮仪三,你胆子这么大?"我也不回答他,但是这么说了以后,外滩再也没进来别的建筑了。

新开张的大西洋咖啡馆位于虹口提篮桥地区的上海犹太难民纪念馆内。坐在舒适的藤椅上,以色列总理内塔尼亚胡和夫人兴致勃勃地品尝了咖啡馆的第一杯咖啡。

2000年,阮仪三在上海老住宅做调查

上海北外滩舟山路附近的提篮桥地区,曾是第二次世界大战期间2万多犹太人逃离纳粹魔爪的中国避难所,这个有着重要历史文化意义的"诺亚方舟",当初若非阮仪三及时插手,只怕也难逃被拆的命运。

> 阮仪三：我自己看见了隔壁的一个教研室,有两个老师在画那个地区的规划图,我说:"这块地是虹口地区的?"他说:"是啊。""这是要规划犹太人保护区吗?""上面没有指示我们要保护啊……"我就去查了,一查果然没有,我觉得应该补上,没有人管那就我管。

看得见还要留得住,有些地方的古城和古建筑虽然留下来了,但过度的商业化却让其失去了原有的风貌。凡此种种,阮仪三从不客气。

> 阮仪三：（有些人）当面就给我讲:"阮老师,这个事情你不要来多管闲事了,你保护住这些古城就完成你的任务了。"我们做保护的目的是什么？是为了留存祖国优秀文化遗产,然后顺便发展了旅游。但是,这一下子路就走偏了。所以,我们现在看到很多城市,我觉得很悲哀的,千城一貌,万屋一面。

阮仪三说,几十年为古城保护奔走呼吁,其实更多的是失败而非成功。但自己是古城保护的行动派,要屡败屡战,为了中国城市的历史,为了被人们遗忘的城镇和村落。

阮仪三：我想到小时候，外婆给我们唱歌，哄我们入眠时候的情景，但是外婆桥，外婆桥，桥要在，河要在，那个历史的场景留住了，你就会马上想起你的外婆。

2013年，阮仪三在平遥古城

记者手记
JIZHE SHOUJI

我是记者方亮。

阮先生的学生告诉我,那些"只要阮仪三一到,好像什么东西就都不能碰了"的说法,其实是对保护的误解。不过,往往需要阮先生出面的时候,就是要强调底线的时候了。就像阮先生办公室里的那块匾,上面写的是"挽狂澜于既倒,救文物于危难",锋芒毕露。可能在阮先生心中,从来都不在乎自己的率性坦诚会不会造成难堪,甚至在他看来,有时只有靠激烈的语言才能让当事者警醒。他说,古城保护,十个指头按不住全部,我按住一个是一个,希望大家跟我一块来按。

——采访于2017年

戴逸

半生心血，一部史书
XIANSHENG

戴逸，历史学家，中国清史学界领军人物。1926年出生于江苏常熟，毕业于北京大学历史系，新中国成立后在中国人民大学任教。戴逸一生钻研清史，出版了《中国近代史稿》《明清史》《清通鉴》《清代人物传稿》等30多部著作。2002年，我国清史编纂工程正式启动，戴逸任清史编纂委员会主任，2013年，获得第二届吴玉章人文社会科学终身成就奖。

扫码收听音频

张宏杰：他是一个理想主义者，他身上有着一种今天已经非常稀缺的单纯、真诚和古道热肠。

戴　逸：我就是读书的一辈子，我搞学生运动也是搞了一个子民图书馆，并不是完全离开书本，一直是跟书本紧密地结缘。

91岁的戴逸依然每天伏案工作至少6个小时

尽管依旧笔耕不辍、经常外出讲学，书房的两个角落还是显示出彼时的戴逸已是91岁的耄耋之年。厚厚的书本、笔记和信件之间摆放着大小、厚薄不一的放大镜，坐在书桌前伸手就能够到；门口的暖气管上挂着五六个不同长短和材质的手杖。每天工作至少6个小时，戴逸几乎所有的精力都投入到了《清史》的编纂中。

戴　逸：小心翼翼、谨慎从事、勤勤恳恳、精打细磨，反复地审查，反复地修改，我们自己认为，我们是站在时代的最前列创作了这部历史著作，尽了我们最大的努力。

反复审改的《清史》样稿

按照中国历史的传统，每个新时代都要为前朝修史。清朝灭亡距今100多年，近百册的清史稿的编纂如今已进入最后时刻。在戴先生心里，这是他一生中最后也是最重要的工作。

戴　逸：新中国成立已经半个多世纪了，应该集成这样一个史记。"二十四史"，从司马迁开始，几千年没有中断，这是中国文明的一个重要的特点，没有一个国家有这些长的历史记录，我们也不能让这个历史记录断了。

记　者：《清史》就要问世了，那您的这一段工作也告一段落了，明年就92岁了，您92岁之后还准备干什么呢？

戴　逸：92岁我就退休了，现在我还要上班，就是希望这本书弄好了，我其他的都没想呢。

从2003年立项到预计2018年出版，《清史》的编撰历经十五载，凝结的却是戴逸几十年的心血。1955年，他在中国人民大学开设中国近代史课程，开了高校系统讲授中国近代史的先河，引起了历史学家吴晗的注意。3年后，周恩来总理委托吴晗找人编修清史，戴逸自然成为最佳人选之一，32岁的他就这样与清史编纂工作结缘。1978年，戴逸受命组建清史研究所。清朝档案浩如烟海，尽管故宫保留了大部分，但还是有大量遗失的资料要一点一点地收集回来。

戴　逸：大家不知道有那么多档案，把档案差一点当废纸卖掉了，装了8000个麻袋送到造纸厂，后来人家发现了，把它寻回来了。

历史是关于时间的命题，时间对于一位老人而言却最是奢侈。在戴逸的期望里，《清史》的问世只是个引子，清史研究还要在一代代学者的探索里继往传承。

戴逸先生一生研究清史，充满年代感的笔记摞满一个书架

戴　逸：有很多问题还没有解决，应该继续研究。譬如中国为什么到清朝形成了大一统的国家？为什么清朝的现代化开始得晚？本来中国也是世界前列的一个国家，为什么没有能够比较早地发动产业革命、跟世界齐头并进？这些都是要深入进行探讨的问题。

戴逸常说，一个民族如果忘记了过去，就不能正确地面对现在和未来。教书育人60余载，桃李天下，他鼓励弟子大胆思考，有贯通古今的现代视野，也有世界角度的超前眼光。

戴　逸：我们要赶紧，不能够落在世界的后头，我希望我们的青年人学会做人做事的本领，学会专业知识，能够为更加美好的中国的前途奋斗。

毕生研究清史，戴逸的第一个专业却是与历史毫不沾边的铁道管理。1944年高中毕业后，他考入了上海交通大学。大二时抗战胜利，北京大学从昆明回迁，途经上海时开设考场，戴逸毅然舍弃了已经完成两年的交大学业，考入北大，转而走上了史学研究之路。当时，这个选择并不被很多人理解，因为在那个重理轻文的年代，学铁路管理意味着金饭碗，而学历史则是可能毕业就失业。

青年时的戴逸

戴　逸：我从小就喜爱历史，我当时抱着侥幸心理，我也不知道我能不能考上，结果一考考上了。我那次选择是正确的选择，到现在我还是无怨无悔的。

他人生中最重要的两个选择，除了改专业，还有改名字。戴逸原名戴秉衡，解放战争期间，因参加学生运动遭到国民党特务缉捕，被时任北大校长胡适亲自保释。出狱后，22岁的他在党组织的安排下连夜逃离北京，奔赴解放区。"戴逸"之名，由此而来。

戴　逸：当时规定，凡是到解放区去的都要改名，我就想我改什么名呢？我是逃走的，所以就改叫"逸"吧，因为"逸"就是逃走的意思。

其实，对于戴逸而言，这个"逸"字除了逃跑，更多的时候意味着"超逸"。人如其名，他正是如此超脱了世俗悲喜，安心于浩瀚史册，倾半生心血，成就一部不朽史书。

记者刁莹采访戴逸先生

记者手记
JIZHE SHOUJI

我是记者刁莹。

采访结束,戴逸先生执意要送我们,可能是坐得久了,他撑着座椅扶手,试着站起来了两次但却没有成功。就是这样时常被病痛折磨,先生依然坚持每天伏案工作至少6个小时。

戴逸的书房不到10平方米,几乎没有任何装修,一套用旧的桌椅,一张简陋的床铺,摞得满满的书架,书桌上铺满《清史》的样稿——简单、朴素,一如他的人格。经历了家国沦丧和解放复兴,倾尽心血的《清史》编纂也曾一波三折,戴逸坚信"板凳须坐十年冷",在修史的寂寥事业里固守着一个历史学家的现世情怀。

一生修史,青丝成银发。回顾人生,戴逸说自己只是看书、教书、写书,没有做什么别的。殊不知笔尖起落,才正是书生报国。

——采访于2017年

崔崑

81岁起笔，著就特殊钢百科全书

XIANSHENG

崔崑，金属材料专家、中国工程院院士、华中科技大学教授。1925年出生于山东济南。从事材料科学教学与研究工作70年，创造性地研究和开发了一系列高性能新型模具钢，撰写完成我国首部全面系统介绍特殊钢的百科全书，为发展我国新型钢种做出杰出贡献。

扫码收听音频

朱慧楠：他早上6点钟起来收拾一下，或者做一点家务事，这是他的休息时间。然后写他的书，200万字现在还在一个字一个字地敲出来。（崔崑的夫人）

崔　崑：我这一辈子不谦虚地讲，四个字就概括了——一个"勤奋"，一个"报国"。我们做的是一般人也能做到的。

江城武汉的夏，少不了雨水的滋润，洗净铅华的喻家山下，华中科技大学院士楼里，92岁的崔崑早早坐到书桌旁，为再版自己的专著忙碌着。

崔　崑：出版了之后，慢慢就发现，要不断地跟国际接轨，这样的话，钢的出产产品外国人能够知道，进出口就很方便。这几年变化很快，所以我就开始修改。

这本名为《钢的成分、组织与性能》的专著共1574页、200万字，是我国首部全面系统介绍特殊钢的"百科全书"。但谁能想到，2006年提笔写书时，崔崑已是81岁高龄。学生柳林说，为完成这一艰巨工程，他自学计算机软件，亲自收集每一份文献，编辑每一张图片。

柳　林：他自己买的电脑，所有的材料和所有的字，需要一个字一个字地敲进去。他还下载了一个图形编辑软件，自己把图片导进去，在那上面进行修改。（崔崑的学生）

崔崑先生在指导工作

　　崔崑这一辈子，就像自己的研究对象一样，历经千锤百炼。少年时，家乡济南被日寇占领，燕京大学毕业的父亲毅然离开被日本人接管的洋行，并鼓励儿子离开沦陷区，到大后方去继续读书。

> 崔　崑：高中毕业以后，日本人一进去就实行奴化教育，我父亲就说，你无论如何不要在这读，绝对不给日本人做事。我们拿了一点很简单的行李，有时搞个架子车，有的时候就走路，通过河南的封锁线，从西安到宝鸡、到广元、到绵阳，最后到了成都，一共走了81天。

1944年，崔崑考入西迁四川乐山的武汉大学机械系，一门心思就是读好书。

崔　崑： 我在大学读的机械系，汽车、加工机床、动力等等都属于机械系，一个专业就是一门课程。第二年我就得了全系第一。

1948年，崔崑以优异成绩毕业，留校任教。新中国成立后，百废待兴，钢铁成为工业脊梁，而高性能特殊钢，更是托举一个国家钢铁工业水平的巨臂。但是当时的武汉大学，并没有这个专业。

年轻时的崔崑

崔　崑：那是1958年的春天，父亲说你就回来吧，去苏联学习，将来回来能够把这个专业办好。后来我一了解，莫斯科钢铁学院应当是苏联这个专业最好的学校了，所以我就在那儿待了两年，一方面听些课，另外，还做了些实验研究。

1960年，崔崑学成回国。那时，我国工业生产急需高性能新型模具钢，却无力自主生产，进口价格是普通钢的10倍以上。崔崑心急如焚，和同事们加紧建设实验室。

崔　崑：有些学校能买的帮着买，买不到的盐炉实验就自己动手做。我从苏联又带回一些图纸，一些测试仪器等，我们自己做。

那时候没有温控自动化技术，他们只能用最"土"的办法控温——眼睛紧紧盯着温度显示仪，往往一盯就是一个通宵。

崔　崑：就用眼睛来控制，如果温度高一点就停一停，温度低了就把闸合上去。所以就是靠手动来控制，那个控制就比较难了，要聚精会神在仪表里观察。

每一场实验，崔崑都坚持亲自在场。

崔崑在实验室

崔　崑：超过10摄氏度实验就不够准确，就会影响实验结果，所以我就必须要亲自去。这个不准的话，会前功尽弃。

1964年，新中国成立第15个年头，崔崑带领同事建成了装备完整的金属材料与热处理实验室，新模具钢制成的模具打破了国外垄断。

20世纪80年代，国家进入改革开放的大发展时期。每当新钢种出产，崔崑便背着沉重的"铁砣砣"，风尘仆仆地赶往全国各家单位试用，乐此不疲。

崔　崑：那时候火车挤得不得了，有的时候没有位置坐，更不用说卧铺了。我有几次站着,从北京一直站到武汉,尽量不喝水,避免去厕所。当时我要托运,很麻烦的,因为一点点的钢筋都要办手续。所以我就自己带着去,省事儿。

崔崑先后研制出10种自主知识产权新型模具钢,在数十家工厂得到应用。按照当时的标准,累计创造直接经济效益两亿多元。学生熊惟皓说,已经92岁的崔先生,依然不断关注着学科新动向和新的研究方法。而崔崑说,走在学生的前面,这是为师者的基本要求。

熊惟皓:他现在还在关注着这个学科发展的一些前沿动态,并且经常和我们讨论这个方面的成果。(崔崑的学生)

崔　崑:为什么呢?你不能完全靠学生搜集资料,因为你是老师,必须先走在前面。

生活中的崔崑,一件衬衣可以穿30年,但是对家庭困难的学生却非常大方。2013年,他和夫人朱慧楠将全部积蓄420万元捐出,设立"勤奋励志助学金",每年资助45名本科生,每人8000元。

崔　崑:我们两个人商量,就是要雪中送炭,帮助那些家庭困难但是又勤奋努力的学生。因为我们毕业的时候两手空空,现在有些积蓄了,还不都是国家给的,是不是？我们用不完还给老百姓，这是很自然的事情。

崔崑先生与夫人朱慧楠

记者手记
JIZHE SHOUJI

我是记者张明浩。

崔崑先生今年92岁,夫人朱慧楠89岁。夫人身体不好,如今还是崔先生买菜做饭。而学化学出身的朱慧楠教授,则用厨房里那个不大的电子秤,精细地搭配着每顿饭的各种食材。两位老人,已经这样认认真真地一起生活了64年。

崔先生说自己写书有四个要求:一是全,二是新,三是严,四是用。所谓"严",就是书里内容的出处一定要严格。不是你的,一定要把出处明确地标示出来。曾经有一次,崔崑自己带的博士生发表论文时,把他的名字也带上了。崔崑发现后严厉地批评学生是给自己帮倒忙!他说:"搞科学研究的人,要遵守科学道德。维护科学尊严,贵在诚信自律。"或许,和炼钢一样,只有一丝不苟、诚信自律,才能锻造出钢铁般屹立的人格吧。

——采访于2017年

宿白

浩瀚大海从不喧嚣
XIANSHENG

宿白，考古学家。1922年出生于辽宁沈阳，1944年毕业于北京大学史学系。中国佛教考古和新中国考古教育的开创者，曾任北京大学考古系第一任系主任。作为历史考古学上的集大成者，宿白在宗教考古、建筑考古、印刷考古和版本学等领域的造诣为学界所公认，著有《白沙宋墓》《藏传佛教寺院考古》《中国石窟寺研究》等著作，2016年获得首届中国考古学会终身成就奖。

扫码收听音频

李志荣："经师易遇而人师难求"，宿先生对我而言，对很多人而言，他是一个"人师"，而不仅仅是教给你知识的一个"经师"。（宿白的学生）

宿　白：我这一辈子，书是没法看完的，总是有需要看的，所以说书海无涯，书像海似的，没有边……

宿白先生在家中书房，拍摄于2001年

北京，蓝旗营。

盛夏的阳光穿过窗外的松树照进先生位于一楼的家，投下斑驳的影子。95岁的宿白已经很少出门，白天，他惯常坐在客厅的藤椅上，缓慢地摇着一把蒲扇，与书为伴，淡然沉静，只有在提及他干了一辈子的考古时，屋里的空气才活跃了起来。

宿　白：考古这东西实际上是个破坏的工作。现在我们搞考古的人并不是需要多做一些工作，能不做还是不做，

> 保存在那。等到条件更好的时候再做这工作，不是更好吗？虚心是重要的，你不要自个儿吹自个儿有什么重要发现，是不是真发现，那还是个问题呢！

昼对夜，宿对白。

1922年8月，宿白在沈阳出生。同年，北京大学考古学研究室成立。时代，在他的前半生不曾平静过。军阀割据、日军侵华、国共内战、十年动乱……而他似乎于乱世之中树立了一道屏障，从1940年进入北大求学，到82岁离开讲台，始终埋首于历史考古的一方天地，波澜不惊。即便被学界视为中国考古泰斗，他给自己的标签也只有一个：北大教员。

青年时期的宿白

宿　白：因为我有兴趣，我是学历史的，历史和考古分不开。历史是文献记载，考古是实际工作，所以，你要做历史就得做考古，要是做就得长期做下去，不是长期做就不是真正做考古的人。

求学时代，宿白的先生辈中大师云集。他听容庚先生讲卜辞研究与金石学，汤用彤先生讲佛教史、魏晋玄学，冯承钧先生讲中西交通史。

走上讲台后，宿白把毕生所得又原原本本地传承给了学生。著名考古学家徐苹芳、张忠培、"敦煌女儿"樊锦诗……这些旁人眼中熠熠闪光的名字，都出自他门下，也都要尊他一声"先生"。

> 杭　侃：他是一个百科全书式的人物。宿先生讲课干货特别多，讲稿都是反复修改，密密麻麻的，板书又特别快，字写得好、画画得也好。同学们有时候想跟上他就会很困难、很吃力，但是上完了之后会觉得收获很大。（北京大学考古文博学院教授）

宿白对学生严格，对学术同样严谨。20世纪50年代起，宿白与日本学者打了一场长达数十年的学术官司。宿白在善本古籍中发现了有关云冈石窟重修情况的记载，推翻了日本学者长广敏雄提出的云冈石窟分期方法论。作为佛教考古的权威，长广敏雄两次撰文激烈反驳。1982年，宿白再次发文回击。

> 宿　白：他们对我的发现开始有点怀疑。后来证明，我们的发现是真实的，是靠得住的，那他也就没有话说了。我们的研究，很多都是新发现的。外国人他毕竟是外国人，掌握中国的材料不可能有中国人自己清楚。

时隔近半个世纪，直到1990年，长广敏雄才终于承认："宿白教授的推论当无误。"对云冈石窟的研究，让宿白成为中国佛教考古的开创者，也最终确立了中国石窟寺考古学的国际学术地位。

宿白先生（前排左五）和北大考古专业1952级同学在云冈石窟实习

对宿白而言，考古之路苦难艰辛，却又充满未知的精彩。他的考古生涯"第一铲"，是1951年在河南禹县主持挖掘白沙宋墓。1957年，由他执笔的发掘报告《白沙宋墓》出炉，成为新中国考古报告的奠基之作。此后，宿白入西藏普查文物。"文化大革命"中，西藏很多寺庙被毁，他所记录的图像资料，为日后寺庙修复提供了依据。

宿　白：我当时到哪个地方做记录都是画图。大的寺院毁得比较厉害，根据我的那个图，把后来破坏的地方做了一些恢复，这是重要的工作。

宿白先生赠书清单

宿白先生家有四个房间，三间都是书房。当初在夫人的极力争取之下，卧室才幸免被书占领。晚年不再授课，宿白把毕生藏书捐赠给了北大图书馆，第一阶段就整理装运图书1万多册，金石拓本 100 多种。

> 李志荣：始终也没有不舍。宿先生也说，他在北京求学期间，几乎所有时间都是在北京大学图书馆度过的。宿先生觉得他这一辈子如果还有一点成绩的话，那是北京大学图书馆给他的。（宿白的学生）

家中的几大本相册，记录下了他奔波于各地考古现场的身影和那些他曾经流下汗水的地方。如今常居家中，考古专业书籍、后辈送来的研究论文，也依然放在触手可及之处，这是他从未荒芜的精神世界。

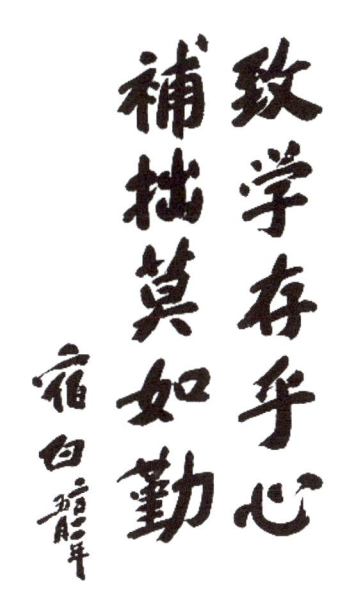

宿白先生的书法作品

记者手记
JIZHE SHOUJI

我是记者章成霞。

宿白先生很喜欢藏族《萨迦格言》中的一句话:"山间的小溪总是吵闹,浩瀚的大海从不喧嚣。"我问他的学生,先生是一个怎样的人?有人说"纯粹",有人说"干净"。宿先生的女儿说,父亲做了一辈子考古,自己从不搞收藏。

采访宿白先生时,他说:"我的工作也没什么特别的,我没什么可以采访的。"始终平静淡然。也许,考古就是一个寂寞的行业,如何在一生的岁月长河中,专注学问、不事浮华,时间已经给出了答案。

——采访于2017年

钟山

没有空防就没有国防

XIANSHENG

钟山，防空导弹专家、我国低空防空导弹武器的开拓者和技术带头人，中国工程院院士，国际宇航科学院通讯院士。1931年出生于四川成都。先后两次获得国家科技进步特等奖，由他领衔研制的武器已装备于我国陆、海、空三军，其中两种武器曾参加国庆五十周年阅兵式。

扫码收听音频

马翰秋：当年我们在研制"红旗-7"的时候，有句俗话说，"搞导弹的不如卖茶叶蛋的"。我们队伍里也流行一句话："跟着钟山干，都是穷光蛋；就是穷光蛋，也要拼命干。"因为大家知道，"跟着钟山干，年年有改善；跟着钟山干，人人是好汉"。（钟山的同事）

钟　山：没有空防就没有国防，没有国防就没有国家强大。中国要强大，的的确确要提高我们中国的防空技术。

2017年7月30日上午，中国人民解放军以一场气势磅礴的沙场阅兵庆祝建军90周年。已经86岁高龄的钟山院士早早守候在电视机旁。

钟山在型号设备舱中检查工作

电视里是阅兵仪式的现场直播：现在看到的，是由刘明豹少将领队的地空导弹方队。地空导弹方队，由"红旗-9B"和"红旗-22"两型地空导弹武器系统组成……

看着新一代地空导弹亮相，接受检阅，钟山难掩内心的激动，不禁回望自己与导弹相伴的一生。

1964年，在国防部第五研究院二分院工作时的钟山

新中国成立后不久，18岁的钟山从重庆大学数学系弃笔从戎，投身解放军。1958年3月，以优等生身份毕业的钟山被选调到新组建的国防部第五研究院二分院工作，从此开始了毕生从事的导弹事业，并逐渐将研究重点转入地空导弹。

钟　山：应该说我们搞防空导弹是从无到有。原来没有，是零啊！1958、1959、1960、1961、1962这几年，又是中国很困难（的时期），吃饭还吃不饱。那时候，我们就是拼了命，白天搞试验，晚上只睡两三个小时，能够把导弹搞上天是唯一的想法。

按照"先仿制，后改进，再自行设计"的思路，1964年，钟山所在的团队成功生产出以仿制苏联"萨姆-2"导弹为主的"红旗-1"导弹，两年多后，他们又自行研制出了"红旗-2"导弹。就是这些"红旗"系列导弹，在1965年到1967年间，多次将侵犯我国领空、不可一世的美国新型U-2高空侦察机成功击落，成就了一段至今仍被军迷津津乐道的传奇故事。

时光流转，这些战利品在博物馆里显得弥足珍贵，忠实地记录着发生在高空中的那场持久的对抗……

从1968年起，国民党空军被迫停止派遣U-2高空侦察机进入大陆纵深活动。1972年，美国总统尼克松访华，承诺停止一切在中国大陆的侦察飞行。

钟　山："红旗-2"，它的特点就是比"红旗-1"（射击）高度更高、距离更远，更主要的是抗干扰，特别针对这个U-2飞机，打得很准。所以9月份上去，"红旗-2"命中了第五架U-2飞机。他们一看，那样的高度命中，打下U-2飞机，在实际当中还没有遇到过，就再也不敢来了。

1980年，一个艰巨而紧迫的"天字号"任务交给了二院——

研制"红旗-7"导弹武器系统。"红旗-7"被看作是填补我国空白的第二代武器系统，钟山被任命为该系统的总设计师。

> 钟　山：世界上各个国家都在研制低空、超低空的导弹，所以这个时候呢，一定要加快地完成这个防空导弹。这是为国家、为国防，越快越好。

"红旗-7"是一个比较复杂的武器系统，仅全系统的电子元器件数量就多达5万多件。为实现国产化，钟山带领团队攻克了一道又一道难关，荒漠中动辄几个月的靶场试验，一干就是8年。

1988年春天，钟山率领试验大军深入西北大漠，准备进行"红旗-7"的定型试验。但天有不测风云，当试验进入30分钟准备时，忽然刮起6级大风，遮天蔽日的飞沙走石让所有人心里都打起了鼓："红旗-7"能否经受住考验？试验是否按计划进行？

> 钟　山：5，4，3，2，1，还是决定要发射出去，最后在黄昏之中一剑命中，直接打到机动导弹（靶机），说明了这个导弹的确有机动能力。这一打落，首长亲自到会上说，你们这个试验队，在6级大风中都能打中，的确是过硬的。

每次试验对钟山和他的团队来说都是一次巨大的考验。一次，"红旗-7"要进行双目标拦击试验，但1号靶机到达预定空域后，2

号靶机却没有出现。在1号靶机即将燃料耗尽的最后两分钟，2号靶机终于进入空域。随着两发导弹相继飞出，两架靶机几乎同时坠落。"双靶开花"的情形让钟山至今难忘。

钟　山：哎呀，真是高兴，一辈子都忘不了！所以我说，"姊妹相继腾云天，各奔东西自觅伴。瑶池同开花两朵，霞光异彩照宇寰"。

钟山先生

几十年从事防空导弹事业，让钟山有了一肚子惊险刺激的故事和人生感悟。如今，他经常带着这些故事和感悟走进校园，他说，要把这些分享给年轻人，也让更多的人投身国家的科技事业，为国家的科技发展做贡献。

> 钟　山：大学、中学、小学，都分别去过，主要的意思就是，（想让）大家努力学习我们的科技，要发展我们的导弹，要提升我们的国家（实力），使我们中小学生很好地热爱祖国、热爱科技、热爱航天。

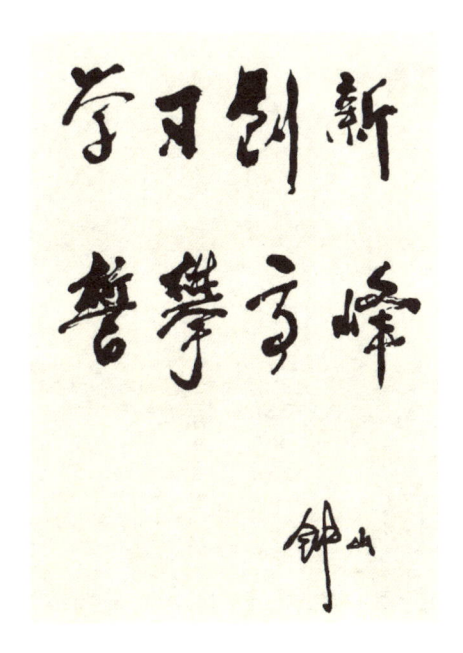

钟山先生题词

身着"成功服"的钟山

记者手记
JIZHE SHOUJI

我是记者刘会民。

有句话叫"身经百战",钟先生开玩笑说,他是"身经百弹"。在他的衣柜里,有一件具有屏蔽辐射功能的米白色风衣。每次打靶试验时,他都会穿上。而每次打靶成功,他都要在这件风衣上标记一颗五角星。因为见证了钟先生一次次化险为夷的神奇经历,这件风衣又被大家称为"成功服"。每次打靶成功,先生还会和大家一起跳舞,并激动地赋诗一首。这些诗集结起来,竟成了一本诗集,和"成功服"一起,忠实记录着那些艰苦而辉煌的岁月。

打靶试验28次,打弹120多发……回首50多年科研一线的砥砺前行,钟先生用"衣带渐宽终不悔"来为自己的导弹研制生涯做注解。他说,这是他最喜爱的一句古诗。

——采访于2017年

李锡胤

一个纯粹的读书人
XIANSHENG

李锡胤，辞书学家、语言学家。1926年出生于浙江绍兴。精通俄语、英语、法语，主编或参编多部俄汉词典，俄罗斯联邦国家奖"普希金奖章"获得者；2006年，荣获我国首届辞书事业终身成就奖。善作古诗词，诗集《霜天星影》多次再版。

扫码收听音频

荣　洁：他始终是一个知识分子，而且是传统的、真正意义上的知识分子。你听一下我导师的笑声，那种笑声只有心里特别干净的人，才能笑出这么爽朗的声音。
（李锡胤的学生）

李锡胤：我自己给自己评价，写墓志铭的时候，我就这么写：李锡胤是大时代当中的一条小爬虫，给人民做了一点小事情。

91岁的李锡胤先生幽默风趣，说起自己的健康状况，自称是"五项全能"。

李锡胤：以前都是早上8点第一节课，教务处的人来了在门口看着，晚到的人，都给你记上，要扣你分数的。现在我是"五项全能"运动员——吃喝拉撒睡，哈哈哈……

其实，李锡胤何止"五项全能"。一代大师的学贯中西，后生晚辈已很难企及。

荣　洁：中文系那些特别著名的教授，搞元曲有问题时都请教他。英语系有个王教授，有问题也找他。

而这些，得益于他相对复杂的求学经历。1944年到新中国成立之前，李锡胤先后在五所大学里辗转完成学业。

李锡胤：我在绍兴中学毕业后，就到圣约翰大学去学习了，专门学英语的。圣约翰大学有个（教）法语的老师，这个法文老师非常好，我就又选了法文老师了。

学生时代的李锡胤，拍摄于1950年

一年后，李锡胤转到复旦大学继续学习英语。因日军入侵，他又逃亡到浙江大学龙泉分校继续学业。抗战胜利后，李锡胤与同学一起前往台湾，考取台湾师范学院，又因在台湾参与"沈崇案"学生请愿活动遭当局抓捕，逃回大陆，旋即北上燕京大学，跟随费孝通学习社会学。

李锡胤：后来因为新中国成立以后，中国和苏联签订了友好同盟互助条约，斯大林派了好多专家到中国来，需要翻译。黑龙江大学，那时候叫哈尔滨外国语专门学院，专门培养俄语人才，所以我就学俄语了。

比起颠沛流离的学生生涯，在哈尔滨的日子，是李锡胤最安稳的一段时光。在这里，他翻译作品、教书育人、编纂词典。

这个皮箱，跟随李锡胤先生走南闯北，从绍兴中学读书时一直用到晚年

李锡胤：我们当时学习的时候，只有一本日本人编的日俄词典，日本字典里汉字很多，根据汉字猜想。所以我们现在要补充中国这个缺陷。当时说你们编词典抄抄写写的，不能评职称。我们说，行，不能评职称就不能评职称，我们还是老老实实编词典。但词典编完了之后给了奖励，就是一封表扬信。

这部编纂了40年的四卷本《俄汉详解大词典》，如今是最权威的俄汉工具书。除了词典，李锡胤还翻译文学、哲学、社会科学甚至自然科学著作。他翻译的《老人与海》因为风格简洁，最接近原作，引起了国内对原著的更多关注、研究与一再重译，成为汉译经典的标志。在文学翻译理论上，李锡胤提出"近似"和"应变"两个尺度。用他的话说，就是要"活译"。

李锡胤：不要死译，要活译。要把原来作品的精神面貌交给读者。你要把原文吃透了，用中文的形式表达出来。

俄语原文："七月最后的一天，方圆千里都是俄罗斯——我的故土。"在李锡胤的笔端这样流出："七月将尽，极目千里，伸展着我的故土——俄罗斯。"

至今，黑龙江大学俄语系教授荣洁都记得导师李锡胤的话。

荣　洁：他说，你要是想了解一部作品，必须先了解这个人。想要翻译一部作品，必须了解作家当时的创作背景。他对世界的一切都充满着好奇。

在李锡胤这面大旗之下，黑龙江大学成为国内俄语人才的高地。说起学生的成绩，李锡胤说，那都是他们自己奋斗的结果。而谈起自己的工作，李锡胤却说，都是夫人刘英的功劳。1959年，李锡胤与刘英结为夫妻。那一年，李锡胤34岁，刘英25岁。

刘　英：他没有别的爱好，就爱看书。年轻的时候，跟他结婚，说看看电影吧，好不容易哄到了电影院，你一回头，人没了。他说看电影迷糊。他生活不行，因为我平时什么都不让他管，他工作太忙了，太认真了，吃饭你给他做好了，叫他吃，（他说）嗯，等会儿，我再看一段。

2015年，89岁的李锡胤办理退休，迁居上海，与女儿一起生活。离开哈尔滨之前，他把自己的5000多本藏书捐给了学习、工作了65年的黑龙江大学。

李锡胤先生的书桌周围，贴满了他和师友学生的照片。他说，"看到他们，我就不敢干坏事"。

李锡胤：我人老了，年轻人用书，（所以想把希望留给年轻人），青年是我们的未来，我总是相信这一点。

1926年，李锡胤的父亲从《诗经》里挑选了"锡胤"二字作名，希望儿子长命百岁，福及子孙。李锡胤的一生，福之所及，又何止一家之子孙。

> 李锡胤：（用俄语读）人最宝贵的是生命，生命属于每个人，只有一次。人的一生应当这样度过：当他回首往事的时候，不因虚度年华而悔恨，也不因碌碌无为而羞愧……

李锡胤先生接受记者采访

记者手记
JIZHE SHOUJI

我是记者肖源。

告别李锡胤先生时,他送给我一幅小字,那是英国历史学家汤因比的一段话:"只有当中国文化的精髓引领人类文明时,世界历史才能找到真正的归宿。"字写得拙朴而真趣。他的书法、诗词与翻译一样,令后辈高山仰止。

颠沛流离中求知若渴,先生,也曾是学生;他将一个甲子用在了语言学教研上,学生,终于成了先生。91岁了,李锡胤说,他不怕死,就怕进图书馆:没读过的书太多了。

——采访于2017年

#邬沧萍

莫道桑榆晚,仍存万里心

XIANSHENG

邬沧萍,人口学家、社会老年学家、统计学家。1922年出生于广东广州。1946年毕业于岭南大学经济系,1950年获得美国纽约大学工商管理硕士学位。1951年回国,执教于北京辅仁大学,后并入中国人民大学。他参与了我国第一次人口普查,为计划生育政策建言献策;他创办了我国第一个人口研究机构,第一个人口学系,第一份人口学学术期刊,培养了新中国第一批研究人口学及老年学的硕士、博士,是我国人口学、老年学的开拓者和奠基人。

扫码收听音频

夏阿姨：他退休之后还出了六七本书，现在他的眼睛不太好了，就用口述的方式，然后我们给他打出来。（家政人员）

95岁的老人大抵应是有些迟缓、虚弱的，但邬沧萍先生却行动敏捷、声音洪亮，说到兴奋处腾身而起，全不见耄耋老人风烛残年的模样。

邬沧萍：我这一辈子，我认为还是很幸运的。我一生当中没有因病住过医院，我的零件全都是原装的，除了牙，下牙基本没有了，只有假牙。

邬沧萍佐证自己幸运的另一点，是即便在战火纷飞的年代，他也没有失过学。年幼的他随家人从广州逃到澳门，再从澳门逃到香港，在日本侵略者的铁蹄下辗转求生。也正是这样的经历，让他在1951年毅然携妻儿回国。

邬沧萍：我是这么幸运的一个人，一直能念到大学，还出国留学好多年，不管怎么样，我已经占了很大的便宜了。所以我觉得我应该回国，用知识回报祖国。

1953年，邬沧萍参加了全国第一次人口普查，由此和人口学结了缘。

邬沧萍：原来我们一直认为中国人是4万万同胞，第一次人口普查结果出来之后，我们的人口是6万万，所以我觉得中国的问题严重了。但是后来，讨论人口问题变成禁区。马寅初、陈达,都是全国最知名的社会学家,全军覆没了。

人口问题自此成了"高压线"。直到1971年,中国加入联合国,国际社会认为人口问题最严重的是中国,这一研究才又提上了日程。但那个时候,邬沧萍已经50岁了。

1985年,邬沧萍出席"中国千分之一人口生育率调查会"

邬沧萍:真正来讲,我将近50岁才搞人口。如果我活到60岁,就没有搞多少年了,如果活到90岁,就搞了四五十年了。跟健康很有关系,所以我还是很有运气的。

在很多人看来,50岁距离退休已经不远,但是对于邬沧萍来说,那才是他一生学术生涯的真正开端。

1979年3月,由邬沧萍起草的、全国第一个向上报送的人口研究报告《对控制我国人口增长的五点建议》递交国务院。1982年,计划生育作为我国的基本国策写入宪法。但仅仅两年后,邬沧萍又开始呼吁重视老龄化问题。

> 邬沧萍:我提出计划生育的时候,就已经考虑到早晚一定要再提出老龄化(这一问题),这两个(之间)有必然的联系。当时我给国务院起草研究报告,就建议中国要严格控制人口,提倡鼓励生一个,坚决杜绝生三个。结果只允许生一个,所以老龄化一定就加速了。我很快就开始提倡要建立老年学科,当时还有人认为我破坏计划生育。但是计划生育也是我提出来的,我怎么会破坏。

2017年6月,邬沧萍在清华大学"老龄社会问题研究中心"庆典上发言

中国社会该如何应对人口老龄化？邬沧萍认为，一是让劳动力充分就业，二是提高全民健康水平，实现健康老龄化。他笑称，这两点自己就是"活招牌"。因为身体好，邬沧萍83岁时才离开中国人民大学人口所的办公室，退休后平均每两年都会有新书问世。

> 邬沧萍：我现在还有两本书要写。一本叫《新修社会老龄学》，第一版出过了，第二版不能不修改。另外还有一个写"老年价值论"的提纲。很多人觉得，老年人出书就是挂名，我不是。

邬沧萍与学生杜鹏博士、孙鹃娟博士

邬沧萍评价自己的一生，迈过每个沟坎都称之为"幸运"。但在学生姜向群看来，与其说幸运，不如说先生乐观。少年时代恓惶终日的迁徙也好，"文化大革命"中的三次下放也罢，光是发妻李雅书教授瘫痪在家的这20多年，日子都够难挨。但这些，他从来不说。

姜向群：20多年时间，一个病人在家里，他都能以积极的心态面对，一直在照顾伺候，没有影响工作。不是像有的人一味去抱怨，而是向前看，对过去的事情能放得下，对未来一直抱有进取的精神。

每天6到8小时的读书写作，眼睛花了，拿着放大镜看；打字费劲，就培养保姆代劳；外文原版资料行距狭小，于是看一遍换一种颜色批注。邬沧萍在身体力行着他的"老年价值论"，与岁月争朝夕。

邬沧萍：我就觉得我的时间根本不够用。每个人都应该在老年发挥他的正能量，这事实上是可能的。体能会降低，记忆力会降低，但思维能力，你一直在用脑的话，一般降低得很慢，甚至某种程度，能够有创新的思维。

记者手记
JIZHE SHOUJI

我是记者刘祎辰。

时间的河流无疑是残酷的。有些人泅渡，消解了健康与曾经的壮志满怀，但邬沧萍先生却用自律与达观作桨，扬帆近一个世纪，他的扁舟之上，留下的都是岁月的馈赠。采访当中，他不断地用手在双膝上轻抚，我以为他是和一般老年人那样畏寒，他却说，这是使自己腿脚保持灵活的自创按摩法。

先生每日8小时的工作，或是在客厅，或是在书房。无论在哪里，一抬眼，对面墙上都挂着夫人和子女的照片。夫人已经故去，子女都在国外，邬沧萍却不愿离开"空巢"投奔子女。他说，想孩子时随时可以视频，但自己在国内还有那么多研究可以做，他还有时间，还有健康，还有价值可以创造，那便不能停歇。

——采访于2017年

赵忠贤

板凳坐得十年冷
XIANSHENG

赵忠贤，物理学家，中国科学院院士，中国高温超导研究奠基人之一。1941年出生于辽宁新民。人类发现超导现象百余年来，高温超导研究总计有两次重大突破，他所在的团队都做出了重大贡献：独立发现液氮温区高温超导体，以及发现系列50K以上铁基高温超导体并创造55K纪录。2017年，荣获国家最高科学技术奖，同年获"影响世界华人大奖"。

扫码收听音频

王玉鹏：他爱憎分明，是性格很鲜明的一个人，大家都知道他这种非常直率的性格。科学上就是越直率越好，用不着绕弯子，科学就是，一是一，二是二。（中国科学院物理研究所所长）

赵忠贤：我做研究的时候，真的从来没想过拿奖。我的个人想法是，我们做科学研究，第一个实际是在为人类的文明添砖加瓦。就像加上一滴水，汇集到人类文明的长河之中。第二个是满足国家的科技发展的需求。

1987年，美国物理学会年会在纽约举行，这个被称为"物理学界摇滚音乐节"的大会临时增加了高临界温度超导体专门会议，只能容纳1000人的大厅挤进了3000人侧耳聆听。报告从晚上7点30分开始，一直讲到凌晨3点15分。46岁的中国科学家赵忠贤是当晚51名报告人中最耀眼的5个"特别报告人"之一。

赵忠贤：只有5个是特约报告，其他人都是每人讲5分钟，（最后）一直讲到凌晨3点。

那是那个年代中国人在国际学术舞台上少有的亮相，同时也标志着中国高温超导研究跻身国际行列。

超导体在能源、医疗、信息、交通等领域具有重要的应用价值，是21世纪战略性技术储备之一。从1911年人类发现超导到现在，百年间，各国科学家为了寻找超导材料，苦苦摸索。中国超导研究起步时，就已经比其他国家整整落后了50年。赵忠贤和他的团队在极其艰苦的条件下，硬是追上了世界一流研究者的步伐。

工作中的赵忠贤

赵忠贤：干劲很足，但是条件确实非常差。当时我们自己绕个炉子烧样品。临界温度高了以后，原来的测量系统就要进行改造，好多设备都是马上自己现做的。我们那个时候夜里不睡觉，困了就在椅子、桌子旁边靠靠，有事叫起来再继续干。

如今已是南京大学物理学院教授的闻海虎，曾在上研究生的时候重复赵忠贤做过的实验，测一条曲线要不眠不休两天两夜才能完成。他感慨，赵忠贤他们起步时一穷二白，设备修了坏，坏了修，实在无法想象该有多难。

闻海虎：就盯着仪器上的表一个一个地记录，不像现在都是计算机采集，计算机一画就出来了。那个时候，每变一个温，你就要调一下气压、气流，等温度稳定了在表上读一个数，再把它记录下来。测一个曲线花了两天两夜，中间都没休息。

蹬三轮车的赵忠贤

在美国的那场报告结束后，赵忠贤回到北京，脱下西装，换上夹克，蹬上三轮车去买蜂窝煤。一时间，"院士蹬板车"传为美谈。赵忠贤知道后，乐呵呵地反问："院士就不烧蜂窝煤了？"

赵忠贤：说国外开会，你做那个报告很神气。大家来了，没蜂窝煤了，那你怎么办呢？必须你自己去蹬板车。

> 正好我在美国买了一个照相机，儿子拿上以后说，来试试看好用不好用。我一蹬板车，他"咔嚓"一按，照片就出来了。我们那个年代的人，对这种事情都认为很正常的。

院士家要烧蜂窝煤，要存大白菜，还要一边看书，一边看孩子。与众不同的是，赵忠贤看娃有绝招，在干净的床单上撒一把爆米花，让儿子转着圈捡着吃，吃完了他再撒一把。赵忠贤笑称"一举三得"，孩子多爬爬，还有助于提高智力。

对赵忠贤来说，生活的不易，实验设备的简陋，都不算什么，寻找液氮温区的高温超导体、甚至室温超导体，才是日夜萦绕在心头的主题。

> 赵忠贤：超导体几千种了，应用的没有几个，原因在哪儿？因为好多材料还有其他性能，譬如说，超导性有了，通电流怎么样？加磁场怎么样？机械性能怎么样？等等。在其中选择能用的材料很少，所以要不断地找，还要找更好的。这好像是一个永恒的主题，不断前进的主题。

百年探索，任何一点突破都举步维艰，失败似乎总是接踵而来。一拨又一拨的人心灰意冷地散去，或转了研究方向，或下海经商，但赵忠贤还是不挪动半步，铁了心要扎根于超导研究。

赵忠贤在观察设备

赵忠贤：热爱它，就是热爱它，想做高温超导体——我这个思想、这个方向没有改变过。

毕业于中国科技大学的赵忠贤念旧，他常常会想起寒冬腊月，课上到一半时，讲台上的先生吆喝着大家一起跺脚取暖的情形；也记得张宗燧先生，再冷的天，也常能讲出一身汗，热得要脱掉蹭满粉笔灰的毛衣；他当然更不舍得忘记当年先生们的教导：安心为国家做贡献，哪怕苦守冷板凳。

赵忠贤：给我们上课的有严济慈，给力学系上课的是钱学森，给数学系上课的是华罗庚。他们上课的时候，不管教学大纲，他想怎么讲就怎么讲。科大力学系的第一届学生，到了暑期毕业，钱学森是系主任，说他们的基础还没打好，晚毕业半年，再补基础。我们当时也没想太多，就是要好好学习，科学上能够老老实实地干事情。

思考中的赵忠贤

板凳坐得十年冷，凭借超导研究，赵忠贤获得了国家最高科学技术奖，但年逾古稀的赵先生没有半点儿停歇。他心里较的劲儿，就是超导研究突破的每一步，中国人决不能再落下，要走在前面。

赵忠贤：我们通过一番努力，也许没有得到重大的结果，但是我们做的东西，就是给后人，给下一代人，他们会在这个基础上有所发展。科研工作者，最幸福的就是每天都在逼近真理。

记者手记
JIZHE SHOUJI

我是记者冯会玲。

老家辽宁的赵忠贤先生有着东北人独有的幽默。别人问他，一辈子耗在超导一件事上，不枯燥吗？他答，我们每天也有新发现，就跟爱打麻将的人一样，分大和、小和，很有意思。别人开玩笑说，他最初的那些设备实在是土得掉渣。他一本正经地解释，那些土大炮可都是有功之臣，绝口不提当年到底有多难。可是，在他的心里哪能没有遗憾？他也忍不住感慨：当年要是有现在百分之一的条件，我一定比现在做得好。

不管中国的超导研究经历低谷，还是被世界瞩目，赵忠贤始终不离不弃，就是因为他坚信：大树只有扎根下去，才能枝繁叶茂。

——采访于2017年

韩美林

艺术，必须有民族性
XIANSHENG

韩美林，国家一级美术师。1936年出生于山东济南。在绘画、书法、雕塑、陶瓷等诸多艺术领域都有很高造诣。他的作品风格独到，大处气势磅礴，小处洞察精微，尤其善于汲取两汉以前文化和民间艺术精髓。2005年起，韩美林将几千件作品捐给国家，在北京、杭州等地建立了多座艺术馆。2008年，韩美林为北京申办奥运会设计了申奥标志和吉祥物"福娃"。2015年，被授予"联合国教科文组织和平艺术家"称号。

扫码收听音频

助　手：他是我见过的既是天才，又是很勤奋的天才的一类人。他每天都会起得特别早，工作时间特别长，又读很多书。

学　生：老师虽然经历了无数的苦难，但依然能用爱去温暖别人、感动别人。

韩美林：我这辈子就是一头老牛，就干活吧！搞艺术也是这样，你爱自己的事业，就会认为自己是一头老牛，总能闯出一些东西。

北京，韩美林艺术馆里，从书法、绘画，到陶瓷、雕塑、美术设计，不同尺寸、风格、门类的艺术品，难以想象全部出自一人之手。而这上千件作品，只是韩美林毕生作品的冰山一角。

北京韩美林艺术馆外景

记　者：这里一共有多少件作品？

讲解员：他一共有三个馆，北京、杭州、银川。杭州、银川有1000多件，北京馆最多，有2000多件……

解说员：这是卡纸装饰画鱼，一共画的是103条鱼，是一个上午画完的。

记　者：一个上午画完这么多？

讲解员：而且形象不一，他的艺术创作力特别丰富。

艺术馆中还藏着一个迷你馆——韩美林工作室。上百平方米的房间，被一张几十米长的大工作台分成两半。笔、纸、颜料，如山的书籍从地面摞到台面，两侧墙根堆着画框、雕塑。

韩美林工作室全景

卡纸装饰画——鱼

北京奥运会吉祥物福娃手稿

记　　者：刚才在展厅里面就在算，我们能在展览上看到的作品就有5000多幅。

韩美林：随心所欲，有时候一上午画几十张。我现在画的还没有齐白石多，也画不过毕加索，他们都7万多张，我才1万多张。我来画，你来看一下。

话音未落，纸已铺开。不一会儿，一匹马已奔腾纸上，顽童似的微笑再次浮现在他的脸上。

韩美林作画，最爱以动物为主题。作品如其人，向真向善，童心未泯，完全看不出他多舛的命运。

记　　者：看到您的一幅书法作品，内容是"行苦"。

韩美林："行路难"的意思。人生道路把苦字放到头里，你就不怕了。把甜字放到头里，就会处处碰壁。艺术家是个掌勺的，生活里面的酸甜苦辣就是他的油盐酱醋，你该苦的时候为什么不苦？就要苦。

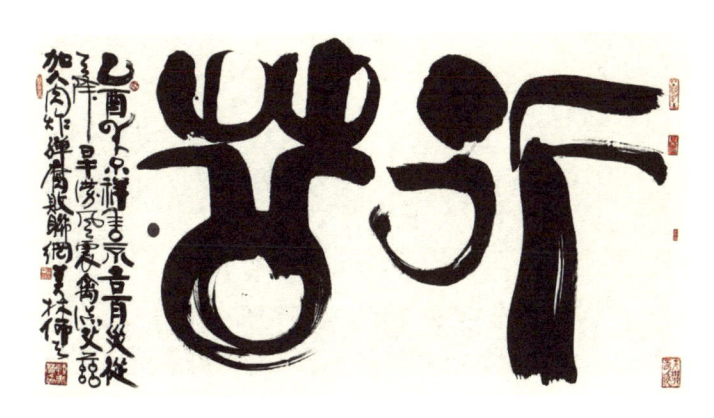

韩美林书法作品——行苦

从1977年开始，韩美林每年都要带着学生，开着他的"艺术大篷车"到民间采风，从山东、河南，到江浙水乡。40年间，驶过了90万公里。

韩美林：下到钢厂做钢，下到印染厂学印染。到了老百姓这里，跟着他唱，同画、同写、同唱，这样才行。记住藏族民歌："站在石头上等情郎，旁边这个和尚过来过去了好几趟。"没有公式化，概念化。

一路上遇见的剪纸、年画、佛像、泥塑、草编……样样都能在他作品中找到踪迹。韩美林说，广袤的土地就是自己不竭的创作源泉。

韩美林雕塑作品——母与子

韩美林：天天唱"一条大河波浪宽"，但郭兰英的歌别人怎么仿都仿不了。其实很简单，艺术家创作的时候，随心所欲。构思游动，就写出旋律来。画画也是，它在脑子里面游动，线条跟旋律一样。一个民间的东西，一个古代的东西，都是没有条条框框，没有什么限制的。

记　者：您的意思，民间跟远古的东西，特别容易接近艺术的本质？

韩美林：对。艺术是没有"法"的，这是艺术的规律。"三面五调，七法八发"，学出来是一个匠人。

向着民间，向着远古。20世纪80年代，贺兰山峭壁上祖先凿刻的朴拙图案，让韩美林震惊于这种"古老的现代美"。

韩美林：我发现了这个贺兰山岩画，顿悟。它让我的艺术有一个转折点，我必须走中国的道路。世界任何东西都可以国际化、全球化，唯独艺术，要是全球化就完了，一辈子也走不出去，必须有民族性。

韩美林艺术馆中，有一幅3层楼高的作品。浓淡相间、错落有致地排列着一个个字非字、画非画的象形符号——这就是《天书》的一部分。2006年，《天书》完成，其中收录了他三四十年间搜集到的几万个古汉字。虽然这些字的意义已经湮没于历史的长河中，但神韵中对中华古文化的提炼与表现却撼人心魄。

北京韩美林艺术馆中《天书》局部

韩美林：当时搜集金文、甲骨文、陶器里面的一些不认识的字，古文字学家不要，那么我要。那么简略，没有条条框框。这么古老的东西完全可以复活。

韩美林先生在工作室接受记者采访

记者手记

JIZHE SHOUJI

我是记者何源。

韩美林先生爱画动物,尤爱画马,戏称"马瘾上来,拦也拦不住"。他笔下的马,线条朴拙,姿态奔逸,身形丰满却不失风骨。他说,他喜欢马的精神,因为马的一生,是站着的——站着吃,站着睡,绝对不下跪。11岁时,他送哥哥参军,正好遇到部队转移安置伤员后,受伤的马无从带走,只得枪毙。一时间,马哭,饲养员哭,战士哭,那场面成了他毕生心中难平的痛处。他的《骏马图》上题写了李贺的这几句诗:"此马非凡马,房星本是星。向前敲瘦骨,犹自带铜声。"

——采访于2017年

冯骥才

有责任的人生是有分量的

XIANSHENG

冯骥才，作家、画家、民间文化艺术保护者。1942年出生于天津。20世纪70年代末开始，冯骥才走上文坛，创作了大量优秀的散文、小说和绘画作品，《挑山工》《珍珠鸟》等多篇文章入选中小学、大学课本。2001年起，冯骥才以木板年画入手，走上了民间文化遗产的保护之路。十多年来，他带领团队走遍山山水水、乡野小径，完成了我国历史上第一次对非物质文化遗产大规模、全方位的田野普查、挖掘与记录。

扫码收听音频

蒲　娇：他是一个非常身体力行的人，他会到很多地方，去跟本地的百姓聊天，去了解他们的生活。（冯骥才的学生）

王　坤：完全是无功利化的，非常有文化担当。（冯骥才的学生）

冯骥才：我从文学到文化，实际上没有离开我们这代知识分子身上的那两个字，就是责任，我觉得有责任的人生是有分量的。

"一手撑着滚烫的酷暑，一手写下许多文字"，冯骥才先生在作品《苦夏》中说，夏季是他写作的高产季。《珍珠鸟》《挑山工》……那些他在"苦夏"时写出的作品，入选了中小学语文课本，伴随着一代又一代人从幼年走向了青年。

在他所热爱的夏季里，我们见到了76岁但依然睿智、健谈、风趣的冯先生。交谈中方知，原来他自小的志向是绘画，并非写作。

冯骥才：实际我的绘画也跟喜欢文学有关系，比如我喜欢诗，诗特别启发对绘画的想象，所以它跟绘画也有关系。

热爱艺术，却赶上"文化大革命"，成了工人、教师、推销员。在那些艰苦的岁月里，冯骥才坚守着心中的梦想，默默地记录与创作。

改革开放后，文学迎来复兴。1978年，他的第一部作品《义和拳》正式出版，在那个普通人月工资不到30元的年代，冯骥才领到了3300元的巨额稿费,并成为改革开放后第一位拿到稿费的中国作家。但在他看来,写作绝不仅是为了谋生,更是使命。

> 冯骥才:作家背负的使命是帮助人们去认识生活,人们在改革开放的初期很需要和别人一起讨论,那个时候,作家是最受人关注的职业。

怀揣着对文学的激情,20世纪80年代,冯骥才写出了《神鞭》《三寸金莲》《一百个人的十年》等一系列小说、随笔、散文,这些关注普通小人物命运的作品一经发表就引起了轰动。

> 冯骥才:有的读者的来信,你打开的时候得用一点劲儿,因为他给你写信的时候,经常是很激动、流着泪写的。等干了以后,纸和纸轻轻地粘起来了,你一揭的时候,有一种沙沙的声音。我现在还能想象那种声音,因为听这种声音的时候特别感动,说明你和读者是心连心的。也因为这样的关系,作家身上更具有责任。

但没想到的是,正是这"责任"二字,让他与热爱的文学渐行渐远。1991年12月,诗人柳亚子创办的革命文学团体南社在周庄的旧址——迷楼面临拆除。从没卖过自己画的冯骥才,当即决定卖画保护迷楼。

冯骥才调查民居木雕

冯骥才：我们的时代转变得太快，我们的城市要发展。当我们拆除的时候，有一些好的历史建筑，有价值的，要保留住。这是遗产，大量的优秀文化，所以我们需要提醒人们要重视。

就这样，冯骥才义无反顾地从文学创作转身，投入到中国民间文化保护的工作当中。2001年，他开始担任中国民间文艺家协会主席，随即提出要对民间文学、美术、歌舞、手艺以及古村落等进行全方位梳理，并用文字、图片、影像等方式进行记录和归档，进而推动保护。但是，冯骥才手中既没有钱，也没有人，理想与现实之间有着巨大的差距。

冯骥才：说句实话，没想到那么困难。因为我一开始做的时候只是动感情。我当时拿的经费你都没法想象，要对960万平方公里，56个民族，所有民间文化做一个地毯式的、盘清家底的普查、整理，这个工作我拿到的经费是30万。你怎么做这个全国性的工作？

没钱，赤手空拳的冯骥才又拿出了他的老办法：卖画。每次卖完一屋子的作品，他都要跟画作合张影，关上门，一个人静静地跟它们待一待。那种不舍，只有他自己知道。

缺人，冯骥才就身体力行，"把书桌搬到田野上"，亲自带领专家组奔波在田间地头。他所带过的30多名天津大学研究生中有不少也是田野调查中的主力。

冯骥才说，"传承人于我如亲人"

冯骥才的学生王坤说，冯先生从来不让他们在象牙塔里坐而论道，而是要培养视野、操作力和对社会、对文化的责任。尽管举步维艰，但在调查现场，年龄最大的冯先生总是冲锋陷阵的第一人。

王　坤：比如说2003年，冯先生做河北武强的年画抢救，当时遇上大雨，车子根本就开不进去，他就蹚着雨进去，脚上套着塑胶袋，就站在文化抢救的第一线。

十年多的时间里，冯骥才一直在和时间赛跑，直到2012年，中国民间文化遗产抢救工程才算基本完成，给中国，乃至世界留下了一批宝贵的文化财富。

三千多个日夜的奔走呼吁，保护了民族的文化，却丢失了自己的写作梦想。有人问他，遗憾吗？冯先生却说，其实，理想一直都在。

冯骥才：我想一个真正的作家，他对于这个土地的人民、国家、民族会有一种情怀，情怀是比情感更大的东西。因为我热爱它，就像爱情一样，如果你爱它，你就认为它的任何事情就是你的事情。

冯骥才先生接受记者采访

记者手记
JIZHE SHOUJI

我是记者李欣。

身高1米92的冯骥才先生被称为当代知名作家里"海拔"最高的人,也因为如此,他的朋友们爱喊他"大冯"。当76岁高龄的他,腰板笔直、风风火火地出现在我面前时,我庆幸,他还没有出现"老冯"的模样。

非遗、古村落、写书、作画……现在,冯先生每天的时间依然被各种工作填满。他说,工作的强度让他感觉身在中年。但人的一生如同四季,不知不觉就会进入下一个季节。年龄已经在提醒自己老了。

我问,当代著名作家、画家、全国政协委员……这些头衔,到底哪个最重要?冯先生说,老年人,最重要的是要活得明白。如果只能保留一个头衔,他希望是朴素的作家,是能够独立思考的知识分子。迎着我追究的目光,他笑了,认真地补充道:"这是一个70多岁老人的愿望,没有任何虚假。"

——采访于2018年

李俊贤

舍尽人间烟火，只见山河远阔

XIANSHENG

　　李俊贤，化工合成专家，我国火箭推进剂的创始人之一，聚氨酯工业的奠基人之一，中国工程院院士。1928年出生于四川眉山。曾任黎明化工研究设计院院长、总工程师。20世纪50年代至今，多次荣获化工部科技进步一等奖、国家科技进步二等奖、国家发明二等奖等多项大奖，研究成果填补了多项国家空白。

扫码收听音频

夏　宇：科研最重要的可能不是基础的知识，而是日复一日的坚持。（黎明化工研究设计院青年科研工作者）

尚丙坤：他这一生就是淡泊名利，生活很简朴。（黎明化工研究设计院教授级高级工程师）

孙若玉：李院士让我们看到了和平年代如何爱国，怎样爱国。（洛阳市委党校法学与科技文化教研部讲师）

"七一"前夕，李俊贤突然向夫人丁大云提出，把一生积攒的300万元捐献出来，设立黎明化工研究设计院博士创新基金和困难帮扶基金。一辈子省吃俭用的丁大云有些意外。

丁大云：平时我要用钱稍微浪费一点他都要提意见，这个几百万他一口就说要赞助人家，一说完马上就寄出去了，都不能耽误一天，马上用电话通过单位就把这个钱捐出去了。我后来觉得他的想法也对，这个钱该用。

李俊贤先生和夫人丁大云回忆往事

李俊贤先生捐赠仪式现场

简短的捐赠仪式上，90岁高龄的李俊贤穿着洗得有些旧了的衬衫和西裤，目光坚定。

没有多少人知道，这位瘦削且低调的长者，一生和"两弹一星"、"长征"系列火箭、"神舟"系列飞船这一串响亮的名字紧紧联系着。实际上，对于这些系统工程来说，如果没有推进剂，就相当于汽车没有汽油。李俊贤正是我国火箭推进剂的创始人之一。

1950年，22岁的李俊贤从国立中央技艺专科学校化学工程科毕业，家境贫困的他那时只知道，这个专业做肥皂好挣钱。

李俊贤：当时我想认识这个专业，因为我们家很穷，那个时候做肥皂比较容易赚钱，我们那儿还有蚕丝、有纺织，所以就选了化工，好赚钱。

20世纪60年代初,我国决定发展国防尖端技术,"两弹一星"研制工作启动,时年32岁的李俊贤成了火箭推进剂研究室主任。从那时起,他便与我国火箭推进剂事业结下了不解之缘,一干就是一辈子。

李俊贤院士与科技人员研究实验工艺

李俊贤:参加"两弹一星"的工作,我们当时的认识是这样的,这个东西是我们在国际上能不能站住地位,中国人能不能在世界上争到一席地位,能不能保证我们国家的社会主义建设下去的很重要的一个手段。因此,当时我们在搞这个的过程当中思想非常明确,而且也觉得责任重大。

1966年6月，李俊贤离开北京，到青海的一个山沟里筹建起了黎明化工厂，他担任总工程师。在资料缺乏、经验不足、基础薄弱的条件下，开始了火箭推进剂偏二甲肼的工业化生产。

李俊贤：那时候觉得非克服不可，为了国防的需要，尽快拿出来，怎么让国家富强。你爱你的祖国，就是国家需要你的时候，你能够提供优质的东西。

科研艰苦，生活同样不易，夫人丁大云至今清楚地记得那些吃高粱、睡土炕的日子。

丁大云：可冷了，不是热炕都过不去，特别凉。他不管家里，就是一心研究他的专题、课题，我就是生活上照顾他们，是很苦的，什么都买不到，什么都没有。

李俊贤：那个时候，至少有90%的人绝对不想自己，有了这个思想以后，一切困难都能够克服。

玉汝于成。1970年4月24日，在李俊贤团队研制的偏二甲肼的助推下，中国第一颗人造卫星"东方红"一号发射升空，当时许多激动的父母给他们在这一天出生的孩子起名叫"卫星"。但对李俊贤来说，"东方红"一号不仅仅是一颗卫星。

李俊贤：我们国家的《东方红》这首歌在天上响起来，我们非常高兴，觉得中国人真的是站起来了。这标志着我们在航天和武器上大进了一步，意味着我们送上了"东方红"卫星的话，我们的导弹达到了相当的水平，我们的国防实力又大大地进了一步。

直到今天，偏二甲肼仍然是我国大推力火箭推进剂的重要组成部分，李俊贤和团队首创的这一工艺长期保持了国际先进水平。

李俊贤先生的书房是一间朝南的小屋

1984年，在青海工作了近20年的李俊贤随黎明化工研究设计院来到河南洛阳，一方面先后研制并指导开发出60余种关键推进剂原材料，广泛应用于"长征"系列运载火箭、"神舟"系列飞船、"东风"系列导弹等武器型号和重点工程项目；一方面开始了对号称"万能塑料"的聚氨酯的研制，让我国聚氨酯新材料工艺和诸多产品逐步赶上了世界先进水平。

李俊贤：不要轻易地得出结论，或者轻易地放弃。你要没有自主知识产权，你要跟着人家走的话，你绝对是跟到人家后面的，就走不到前面了。如果没有先进的技术，就要受制于人。

直到80多岁，李俊贤还担任着河南科技大学、北京化工大学等多所院校的兼职教授、博士生导师。彼时，已是90岁高龄的他，还奋斗在科研一线，每天工作至少8个小时。

李俊贤：这一生是值得的，没有遗憾。因为党和人民需要。

毕生心血躬耕于化工科研，毕生积蓄捐赠给人才培养，在李俊贤心里，国家利益始终高于一切。只要祖国需要，他愿如同一飞冲天的火箭那样，舍尽人间烟火，只见山河远阔。

李俊贤先生接受记者专访

记者手记
JIZHE SHOUJI

我是记者李思默。

身为泰斗级科学家的李俊贤,家中至朴至简。一间朝南的小屋是先生的书房,从青海带回来的旧书柜,30多年了仍在用,柜中书籍排列整齐,有的已经纸页泛黄。在先生心中,做科研的就应该高情远致,甘于清贫,也耐得住寂寞。就连夫人丁大云对于青海艰苦岁月的回忆,都被他斩钉截铁地打断:"生活上的困难都是小事,这个就不必多说了。"

鲐背之年,李俊贤先生自己觉得骄傲的唯有两件事:一是老骥伏枥,从未离开科研一线;二是身体硬朗,据说,他80岁的时候仍可以一口气做50个俯卧撑。采访结束后,先生还饶有兴致地走到窗前举起了哑铃。

"学习好,身体搞好,把国家的任务实施好"——这是他对年轻人的深情寄语。

——采访于2018年

陆俭明

不做庸人

XIANSHENG

陆俭明，语言学家。1935年出生于江苏吴县，1960年毕业于北京大学中文系汉语专业，后留校任教。曾任国际中国语言学学会会长、世界汉语教学学会会长，现兼任国家语委咨询委员会委员。投身现代汉语研究近60年，在现代汉语句法、现代汉语虚词、对外汉语教学等方面颇多建树，在学界被誉为"20世纪现代汉语语法八大家"之一。

扫码收听音频

马　真：首先他是一个很负责任的人，不管是对朋友，还是对学生、对教学，有担当、有责任感，做什么事情都很认真。（陆俭明的夫人、北京大学中文系教授）

张　璐：他年龄这么大了，还四处开学术会，而且每次主题发言都还有一些新东西在。（陆俭明的博士生、中国人民大学文学院副教授）

崔希亮：他不仅是一个治学非常严谨的学者，也是一个非常热爱生活的人。（陆俭明的博士生、北京语言大学原校长、北京语言大学语言学及应用语言学教授）

在陆俭明家中客厅的一角，几束风干的花束隐约散发着幽香。学生们送来的鲜花风干后成为家中一景，与一摞摞直抵天花板的书籍相映成趣。80多岁的陆俭明先生，行走时腰板挺直，说话时声音高亢洪亮。谈吐之间，严谨而不失幽默，眼中流转着孩童般的纯真。

陆俭明先生和夫人马真

陆俭明：好多人都问我，这身体怎么保养的，吃的什么保健品。我说我们从来不吃保健品。第一个生活规律，第二个是睡眠好，更重要的是心态。什么都想开、想透、想穿。首先要学会自己战胜自己，不做庸人。有个成语叫庸人自扰，一点都不错。另外对别人要多包容、多宽恕，这样就能保持一个平和的心态。

20世纪60年代，北京大学现代汉语教研室主任、语言学家林焘先生与大家商议教学、研究工作，左二为陆俭明，左三为林焘。

1955年，原本报考清华电机系的陆俭明服从调剂，考入了北大中文系，大三又服从安排进入语言专业。很快，他就在语言研究上展露出过人的才华。1958年，陆俭明和同学一起编纂出版了《汉语成语小词典》，成为那个年代中小学语文教育的重要工具书，后经多次修订，至今发行上亿册。1959年在《中国语文》上发表了《现代汉语中一个新的语助词"看"》一文。在外人看来枯燥无味的语言学，他却能乐在其中。

> 陆俭明：研究的乐趣就在于能够不断地发现问题，发现了问题以后去细心地研究分析，最后解决了。这个过程，会给人一种成就感。

1960年毕业留校后，陆俭明开启了语言学的研究和教学之路。那时每个班都有近百人，也不用扩音器，好在他是大嗓门儿。如何能把艰涩的现代汉语准确无误地传递给学生？陆俭明说，北大中文系朱德熙先生对他影响深远。

> 陆俭明：我就问朱德熙先生："我们都感觉到听您的课，简直是一种艺术的享受。您能不能告诉我讲课有什么诀窍没有？"他听到我这话笑了一下："有什么诀窍啊？"停了一下，他说了一句话，我一辈子都忘不了——"不过有一点很重要，要多从学生的角度着想，考虑。"

"多从学生的角度考虑"，这句话陆俭明铭记在了心里。20世纪70年代末，北大迎来"文化大革命"后第一批经高考录取的大学生。为了让学生多做练习，陆俭明学会了刻蜡版。至今，很多学生仍保留着当年他亲手刻的练习题和标注的批语。

马　真：（那时）我们的现代汉语不光是教，而且还做练习，你先要把你的练习准备出来交到系里去，系里安排有专门刻蜡版的人给你刻，那么他（陆俭明）的练习特别多，他就自己学会了刻蜡版。

2003年，陆俭明荣获中国第一届高等学校教学名师奖

陆俭明的课，在中文系获评"最受欢迎的课程"之一。1996年，他牵头申请的《现代汉语》教材荣获国家教委教材一等奖；2003年，由他主持的基础课程"现代汉语"被评为国家级精品课程；同年9月，陆俭明荣获中国第一届高等学校教学名师奖。尽管如此，他仍是习惯把自己称作"北大教员"。

张　璐：他就说，"我就是一个教员"。他背着一个黑色双肩包，这个双肩包他用了很多年了，大步流星地走到讲台，把双肩包往窗台上一放，从里边拿出一大摞讲义。

学生张璐说，陆先生最让学生们钦佩的是，在知识面前从来不耻下问，经常向学生求教。

> 陆俭明：在学术上我们是平等关系，不要以为我是老师，你们都得听我的，我说不能那样。我们这个课要经常讨论，讨论你就要发表不同的意见，有不同的想法都要来谈。脸皮要厚，所谓脸皮要厚就是不要怕露怯。学术的前进，就是不同观点的碰撞，迸发出火花。

作为语言学家，陆先生对语言现象非常敏感。比如进饭店用餐，服务员问："请问几位？"就餐者往往脱口而出："我们三位。"普通人听到这些通常不会多想。但陆先生却敏锐地注意到，量词"位"含敬称的语意，不能用于说话人自身。他特地在饭店门口调查，发现151拨顾客在答话中用了"位"，只有12拨顾客用了"个"。最终他从量词"位"的用法变异，总结出了汉语的"应答协调一致性原则"。

> 陆俭明：你一定要去扎扎实实做两个工作，一个是继承，对我们自己老祖宗的东西你要好好继承，还有一个是借鉴。所谓借鉴，不只是我这个学科的，别的学科的我也要去吸收，要借鉴。

语言是人类文化传承的载体。陆先生的一个研究重点就是对外汉语教学。2002年，他被推选为世界汉语教学学会会长，连任两届。他始终认为，对外汉语教学是国家的、民族的事业，开展汉语国际教育为的是修建一座座从世界各国通向中国的友谊之桥——汉语桥。

2010年,陆俭明和夫人与美国哲学家、麻省理工学院语言学荣誉退休教授乔姆斯基合影

> 陆俭明：我们常听说,"（国际上）开会都是英语,我们（汉语）现在没有话语权"。你怎么解决话语权呢？第一,要吸引越来越多的外国人来学中文。第二,光学口语不行,必须学书面语。口语学了以后虽然会讲话,但是你不会看,不会写,没用的。另外一个,汉语要走向世界,国人的形象、国家的形象非常重要。

记者手记
JIZHE SHOUJI

我是记者解朝曦。

陆俭明的学生曾这样评价他:"他的眼睛里闪着一种光,一种因为思考而喜乐的光,一种因为求得真知而安心的光。"与先生交谈,望着他眼中的光,听着他娓娓道来,纵然心间有万般浮躁,也像被清凉纯净的水浸润,变得安然。

陆先生说,最喜欢屈原在《离骚》中的一句话——"路漫漫其修远兮,吾将上下而求索。"世事浮华,他抱着求索的心,甘坐冷板凳,守旧书斋,这一守便是六十春秋。无论是当年一家三口挤在11.8平方米的筒子楼,还是如今已年过八旬仍坚守在学术一线,陆先生探索和求知的心从未停歇。

——采访于2018年

白先勇

中国传统文化就是我的故乡
XIANSHENG

白先勇，作家、昆曲制作人。1937年出生于广西桂林，1952年移居台湾，1965年起在美国加州大学圣塔芭芭拉分校任教，著有短篇小说集《台北人》《纽约客》等。2004年，由白先勇担任总制作人的昆曲青春版《牡丹亭》开始世界巡演，至今已经演出数百场。十几年间，白先勇不遗余力地推广昆曲。2018年，获得上海白玉兰戏剧表演艺术终身成就奖。

扫码收听音频

陈　均：白老师他既有一个军事家的大局观，善于策划、有谋略；也有文学家的细腻，审美能力很强。（北京大学艺术学院副教授）

俞玖林：白老师用两个字来形容就是"善良"，他是我见过的对人最有爱心的一个人。在对待工作、对待所有艺术方面，他是一个完美主义者，事无巨细，都要达到最高要求。（青春版《牡丹亭》主演）

2018年7月13日，是古典诗词大家叶嘉莹先生94周岁寿辰，81岁的白先勇特意从台湾赶到天津，为叶先生送上了一份特殊的生日礼物——校园传承版《牡丹亭》演出。

校园传承版《牡丹亭》来到南开大学

白先勇：很多人问我故乡在哪里，桂林是我出生的地方，有一种原始的乡情。但是，中国的传统文化是我的故乡。昆曲的音乐一放，哎！觉得好像回家了！

60年前，白先勇是台湾大学外文系学生，叶嘉莹在台湾大学讲授中国文学，白先勇时常跑去听叶先生的课，并自称是她"小了13岁的学生"。60年后在南开大学聚首，叶嘉莹没有吝惜对学生的褒奖。

叶嘉莹：本来以为校园里面演的昆曲顶多就是几个折子，没想到是这么全面，而且训练的是年轻的学生，真是太难得了！

对白先勇来说，校园传承版《牡丹亭》是他十多年来致力推动的"昆曲进校园"的最大成果。

白先勇：这是北京16个大学的学生合起来演出的，除了北大以外，清华大学、人民大学、北师大，还有化工大学、民族大学，都来了。我很感动，表示他们热爱！也是表示说，我们这么多年来推广，可以看见渗透到各个大学去了。

早年，贴在白先勇身上的标签是"著名作家""将门之子"，不到30岁，他便写出了短篇小说集《台北人》，成为20世纪中文小说的经典。如今，"白先勇"这个名字更多的是和昆曲出现在一起。从作家到昆曲制作人的跨界,白先勇说,这是命运的安排。

少年时期的白先勇

抗战胜利后,9岁的白先勇随家人到上海,住在汾阳路白公馆里。京剧大师梅兰芳息影8年后在上海美琪大戏院重新登台,和昆曲小生俞振飞合作演出昆曲《断桥》《游园惊梦》。父亲带着白先勇去了,戏台上演员们华丽飘逸的舞姿、细腻婉转的唱腔,当时的白先勇虽然不十分懂得,却飘荡进了他年幼的心里。

> 白先勇:梅兰芳第一次回到上海去公演,因为8年没有唱了,不得了,万人空巷!票价据说黑市票卖了一根金条,这么厉害!那天晚上唱的《牡丹亭》的《游园惊梦》,他唱杜丽娘。那一段《皂罗袍》,它就很奇怪,深深地印到我的脑子里面去了。

《游园惊梦》的惊鸿一瞥,如草蛇灰线,伏延千里。白先勇再一次在上海听到昆曲,已经是40多年后。

> 白先勇:我离开大陆是1948年,我再回到大陆的时候是1987年。我以为昆曲根本就没有了,没想到,真的是天意!要离开的前两天,上海昆剧院演全本的《长生殿》,而且是蔡正仁跟华文漪两位当家台柱演的,演得精彩得不得了!演完了以后我就跳起来拍手,人家走了我还在拍。我想的是,我们的昆曲是这么了不得的艺术,经过这么大的波折,居然在舞台上浴火重生,重放光芒。

青春版《牡丹亭》

20世纪90年代,昆曲艺术开始面临演员断层、市场冷清的境遇，已经从大学退休的白先勇坐不住了。他选择了《牡丹亭》，希望通过这样一出歌颂青春、歌颂爱情、歌颂生命的戏，来重振昆曲。他相信，《牡丹亭》中的美学，有着穿越时代的力量。

> 白先勇：昆曲那么美的东西、那么美的艺术，这套美学也是我们中国传统文化的美学，我们怎么能够不去欣赏它？我的宗旨就是，第一，训练一批年轻演员接班；第二，要把年轻的观众召回到戏院来，看昆曲；第三，我觉得这个昆曲，我要给它一个学术的定位。

白先勇将《牡丹亭》五十五折原本取精华，删减成二十九折，在身段、舞台、服装、灯光等方面都进行了改造，尊重古典但不因循古典，使用现代但不滥用现代。苏州昆剧院年轻演员俞玖林、沈丰英作为主演人选，向汪世瑜、张继青两位昆曲大师拜师学戏，演出临近，白先勇在排练场"督战"了整整一个月。

> 白先勇：二月天冷得要命！零下不知道多少度！我穿个羽绒衣跟他们一起，我去督战，天天看他们磨戏，天天吃大肉包子，吃了一个月。

青春版《牡丹亭》终于面世，2004年4月29日在台北首演，两轮9000张票卖得精光。此后，在苏州、杭州、北京、上海，青春版《牡丹亭》刮起了一阵昆曲"旋风"，甚至走出国门——美国加州大学伯克利分校、密歇根大学等都相继开设了昆曲课。这番景象，恰如"姹紫嫣红开遍"……

白先勇：简直像流行音乐一样，轰动得那么厉害！我想时间点也很有关系，那是21世纪的头10年，那个时候的大学生对于文化认同走到了一个十字路口，作为中国人，你的文化认同是什么？看了青春版《牡丹亭》，看完了感动、激动：这个是我们自己的民族创造的这么了不起的文化！这种心情不一样的。

白先勇与北京大学的学生

有人说，青春版《牡丹亭》的巨大成功，让昆曲观众的平均年龄下降了30岁。如花美眷，似水流年。当青春版《牡丹亭》从"婴儿"成长为"豆蔻少女"，2018年，校园传承版《牡丹亭》诞生。昔日的学生观众，如今可以登台演出了。

"人类的文明好似一笼真火，几千年不灭地在燃烧，其之所以不灭，是因为古往今来对人类文明有贡献的人，都呕出心肝，用心血作为燃料添加进去。"北京大学艺术学院名誉院长叶朗曾经这样概括白先勇对昆曲传承的贡献。

人生走到 81 岁，当初白先勇学习外国文学、办《现代文学》杂志、赴美国留学教书，仿佛都是漫长的铺垫，让他在看遍世界的奇花异草后，更感受到自家后院的牡丹最美，更意识到中国传统文化才是一生的使命和归宿。

> 白先勇：我想借昆曲这个媒介试试看，是不是能够把有五六百年的这么老的一种文化搬到现代舞台上去？是不是能够重放光芒、找回它从前青春的生命？是不是能够感动 21 世纪的现代的人？如果它可以，那是不是我们几千年的文化也有这个希望，让它有新意义？

白先勇先生接受记者采访

记者手记
JIZHE SHOUJI

我是记者章成霞。

"尹雪艳总也不老",这是白先勇短篇小说代表作《永远的尹雪艳》开头的话。听白先生的课,和他面对面交谈,让人觉得81岁的白先生,似乎也是温和典雅如故,总也不老。谈到昆曲,谈到《红楼梦》,他有孩童般的纯净和赤诚、少年般的喜悦和热烈,情不知所起,一往而深。

生于桂林,少年时辗转重庆、南京、上海、台北,半生时间在美国度过,我问先生:"乡愁在何处?"他说:"中国传统文化就是我的故乡。"

——采访于2018年

黄旭华

用算盘拨拉出核潜艇

XIANSHENG

黄旭华，核动力潜艇专家，中国工程院院士。1926年出生于广东汕尾。中船重工集团公司719研究所名誉所长，中国第一代攻击型核潜艇和战略导弹核潜艇总设计师，投身核潜艇研制60年，在核潜艇水下发射运载火箭海上试验任务中，多次担当重任，被誉为"中国核潜艇之父"。2019年，获颁"共和国勋章"；2020年，获得"国家最高科学技术奖"。

扫码收听音频

尤庆文：（黄旭华）这个人呢对工作很大胆，放手大胆让我们这些年轻人干，但是他讲清楚这个工作的重要性，也很严谨。（黄旭华的同事）

李世英：家里的事情他不管，他也不怎么会照顾人，但是，他对工作任务，绝对称职。（黄旭华的夫人）

黄　峻：我很小的时候，爸爸总是不在家，我和姐姐、妈妈一起度过了很多年。我的父亲他起码教给了我如何独立生活，独立面对人生。（黄旭华的女儿）

1926年，黄旭华出生在广东汕尾（原广东省海丰县）一个医生家庭，自小就立志要像父母那样悬壶济世、治病救人。但世事难料，黄旭华小学毕业那年，赶上了抗日战争全面爆发，他的中学颠沛辗转于梅州、桂林、重庆等城市，耳边除了读书声，就是时不时拉响的警报。国家太弱，就要被人欺负。流亡途中的经历，彻底改变了黄旭华的人生。

黄旭华：人家问我，如果有下一辈子的话，你愿意干什么工作？我说，如果有下一辈子，我还是喜欢干最艰苦的活，最艰苦的，才是最能够磨炼人的。这一路来的遭遇，看到国家这么受人宰割，我不读医了。我决定我将来一定要造飞机或者造军舰，保卫我们的蓝空，保卫我们的海洋。

抗战胜利那年,黄旭华被保送到当时的中央大学航空系,同时,又以第一名的成绩考入交通大学造船系。1949年从交通大学毕业后,黄旭华开始从事与船舶相关的工作。1958年,我国决定自主研制导弹核潜艇,32岁的黄旭华担任副总工程师。但刚接到任务的时候,他对核潜艇几乎一无所知。

青年时期的黄旭华

黄旭华:当时的条件可以说是不具备研制核潜艇的基本条件。第一,我们没有这方面的人才,一个也没有;第二,我们缺少这方面的知识,核潜艇到底是什么样子?我们一无所知,没人见过;第三,我们手头没有任何的参考资料,一切都是我们自己从头摸起,包括好多计算公式,我们都是从头论证。

没有条件，骑驴找马也要干。当时，黄旭华和团队用来计算相关数据的工具，是两千年前老祖宗发明的算盘。

黄旭华：那时的科技水平很低，哪里有现在一秒钟多少万上亿次的计算机？手上就是一个算盘，一个计算尺。5万多台（件）设备仪表，几十公里长的管道电缆，还有成千吨的材料，这么多的东西，你要把它的重心、重量算出来，那工作量很大。而且算出来还不一定行，要调整，一调整又要重新再算。

1970年，黄旭华们用算盘珠子拨拉出来的中国第一艘核潜艇正式下水。4年后，这艘核潜艇被命名为"长征一号"，正式列入海军战斗序列。1985年底到1986年初，黄旭华带领团队研制的核潜艇在规定海域进行了长达90天的水下航行，总航程23625海里，相当于绕地球赤道一圈。

黄旭华：哎呀，我们太高兴了！当时在码头，我要疯了，我就站起来叫了，我说我们拿到金牌了！拿到金牌确实是，这个纪录，到现在美国都没有破我们的纪录，美国现在还是讲他是83天零4小时。这个考验说明我们艇的建造质量是可信的，我们艇的所有设备是可靠的。

1988年4月29日，中国核潜艇进行极限深潜实验。一张扑克牌大小的面积，要承受1吨重量的水下压力，搞不好就艇毁人亡，压力可想而知。62岁的黄旭华作为总设计师，与100多名研究人员一道下水。试验取得圆满成功，他写了16个字表达心情：花甲痴翁，志探龙宫，惊涛骇浪，乐在其中。

> 黄旭华：这诗里面有两个字是我这一生的写照。一个"痴"字，一个"乐"字。我痴迷核潜艇，献身核潜艇（事业），我无怨无悔，所以一生没有虚度；"乐"呢，就是乐观对待一切，在生活与工作极为艰苦的情况之下，我是苦中有乐，苦中求乐，乐在其中。

黄旭华在葫芦岛试验基地，拍摄于1988年3月4日

在夫人李世英眼中，黄旭华善良、敬业，就是不顾家。家里的柴米油盐不碰，女儿得了肺炎不管，他甚至连自己的袜子都没

买过一双。

> 李世英：他自己说的，他没有买过一双袜子。你可以想象出来吧，我就是劳碌命一辈子，我伸出手去，没有一个女同志的手像我这样，像个男人的手，我干了很多重的活。他这两年好一点了。
>
> 黄旭华：我给她讲，我是有眼无珠的，什么东西都看不到，哈哈哈。

其实，黄旭华也在尝试着用自己略显笨拙的方式，补偿夫人，但往往错误百出，闹了笑话。

> 黄旭华：有一次去北京出差，看到人家卖布的地方，我说，哎呀，这个花布不错，给我夫人做身衣服还是蛮好的。高高兴兴拿回家，我还很得意的，好不容易给你买个花布。夫人一看，笑弯腰了，为什么？她说我身上穿的就是这花布，你没看到啊！

由于在中国核潜艇事业中做出的重大贡献，黄旭华和他的团队曾荣获全国科学大会奖和两次国家科技进步特等奖。核潜艇，是打在黄旭华身上最深的印记，而他也为此倍感自豪。就像黄旭华曾为自己和同事们谱曲填词的歌中描述的那样——

> 黄旭华：零九健儿志气高，过关斩将逞英豪，哪怕狂风激恶浪，定叫惊雷震海天。骑鲸蹈海日游八万里，五洋

捉鳖直捣龙王庙，驭龙腾飞直上九重天，九霄揽月大闹天宫。

黄旭华及夫人在上海合影，拍摄于1956年

彼时，92岁高龄，不久前才刚刚离休的黄旭华，每天还要去办公室看会儿与专业有关的资料。他说，如今，他给自己的定位是，年轻人的啦啦队长和必要时的场外指导。在核潜艇事业上，这位近百岁的老者，不离不休。

黄旭华：在个人的生活物质要求上，叫作知足常乐。在科研工作上，要永不知足。我们只搞了第一代的（核潜艇）。以后要不断地发展，国防技术的竞争也是没有止境的。我很高兴，在我这一生当中，我完成了我应该完成的任务。我看到我的后来者，后来居上，后继有人。

记者手记
JIZHE SHOUJI

我是记者肖源。

海面上时常会有惊涛骇浪,任你万吨巨轮也好,一叶扁舟也罢,要么任凭风浪摆布,要么藏身港口躲避风头。但深潜于水下的潜艇,无论海面上变与不变,都能安然前行。终其一生研究核潜艇的黄旭华,也有着这样的品格:60年来心无旁骛,俯下身子,带着自己的团队,在一穷二白的年代,为国家海防创造了最大的财富。为此,他甘于默默无声,甚至背负不孝的骂名。

当年入党时,黄旭华说过,组织需要我上阵杀敌,为国捐躯,把满腔热血一次流完,我毫无怨言;组织需要我闭口不言,长期奉献,把血一滴一滴慢慢流干,我也无条件服从。回首过往,70年党龄的黄旭华以行动践行着自己的诺言。时间,从不曾打过诳语。尽管时光与岁月刻在脸上,纯洁与活力却深留在他的心底。

——采访于2019年

戚发轫

抬头看，我的航天梦就在那里

XIANSHENG

戚发轫，中国空间技术研究院技术顾问，中国工程院院士，神舟飞船首任总设计师。1933年出生于辽宁复县。1957年从北京航空学院毕业后一直从事航天工作。曾主持了"东方红"一号、二号、三号等多个卫星型号的研制工作；1992年起，担任神舟飞船总设计师，圆满完成中国首次载人飞行——"神舟"五号的飞行任务。在他的职业生涯中，曾开创了中国航天多个"第一"。

扫码收听音频

戚发轫：我这一辈子热爱航天。对宇宙来说，人太渺小了。但是每一个渺小的东西集中起来，能成就一番伟大的事业。我有幸成为这个大群体当中的一个，感到很满足。

"5、4、3、2、1，点火，起飞！"

我宣布："'神舟'十二号发射任务取得圆满成功！"发射场区指挥部指挥长、中国酒泉卫星发射中心主任张志芬说。

2021年6月17日，"神舟"十二号载人飞船在酒泉卫星发射中心发射成功，顺利将聂海胜、刘伯明、汤洪波3名航天员送入太空。人们在电视直播画面的一片欢腾中看到一位满头银发的老人。

功成回来

作为神舟飞船首任总设计师，戚发轫一次次将自己设计的飞船送入太空，却难得有机会在现场感受火箭腾空的震撼。

戚发轫：以前我都在岗位上，今天争取到机会，作为一名普通观众在广场上看发射、点火、起飞、腾空，心情非常激动，难得的一次啊！

有人说，戚发轫这一生，就是一部中国航天简史。第一枚导弹、第一枚运载火箭、第一颗人造卫星、第一艘载人飞船……每一个"第一"，在他的生命里都刻下重重一笔，也在中国航天史上切分时代。

用大连人戚发轫的话来讲，他的童年，是在奴役下度过的。

戚发轫：我当了8年的亡国奴。1945年之前，大连在日本人的统治下。我每天到学校去，要向东京三鞠躬，日本的小孩可以无缘无故地打中国的孩子，不需要理由。我是经历过的人，我能忘记吗？那是刻骨铭心的记忆啊！

20世纪50年代，读高中时的戚发轫又目睹了朝鲜战场上的志愿军被美军飞机轰炸后的惨状。他一门心思要学航空专业，高考志愿里，填的全是飞机系。

戚发轫：看到咱们的志愿军战士被美国的飞机扫射轰炸造成伤残，我很受刺激。我们没有国防、没有航空，我们就这样受人欺负。

戚发轫早年工作照

24岁那年,从北京航空航天大学飞机系毕业的戚发轫被分配到刚成立不久的国防部第五研究院。这是新中国为研制导弹、火箭成立的第一个研究机构,汇集了来自全国的技术业务骨干和优秀大学生。回国不久的钱学森亲自上阵,给他们主讲"导弹概论",新中国的导弹研制自此拉开序幕。

1960年11月5日,西北大漠的导弹靶场飞起了中国第一枚仿制导弹——"东风"一号,这让戚发轫体会到了从无到有的成就感。不过,没两年,"东风"二号首次发射失利也给他带来了挫败感。

戚发轫:感觉对不起国家,对不起党。但是我们(现场)有位领导说,失败是成功之母,总结经验再干!我们确实总结了经验,其中两条很重要:一是技术要吃透,二是地面试验要做充分。所以我们又苦干了两年,1964年终于发射成功了。

"东风"二号发射成功四年后,戚发轫的工作转向卫星研制,并被当时负责总体工作的孙家栋"点将",后来成为"东方红"一号的技术负责人之一。为了让"东方红"一号"上得去、抓得着、看得见、听得见",戚发轫提出了完整的地面试验方案。

　　戚发轫：发射之前,周总理很关心,就问准备好了吗?上天后能够准确地播放《东方红》乐曲吗?我就老实讲,说我们能想到的、地面能做的试验,我们都做过了,都没问题,就是没上过天。

　　1970年4月24日,"东方红"一号发射的日子终于来临。

　　戚发轫：人家说:"点火、起飞、星箭分离……"搞运载火箭的人听到(这些口令)很高兴,拍着我说:"小伙子,成了!庆祝去!"我不敢说,因为我还没听到《东方红》乐曲。等到喀什站收到了,广播电台收到了,我们才敢说胜利了。

　　这首响彻太空的《东方红》,标志着中国成为世界第五个独立研制并发射人造地球卫星的国家,开创了中国航天史的新纪元。此后,我国卫星设计寿命越来越长,功能越来越强,技术一步步迈上新台阶。完成一个又一个使命后,戚发轫以为自己就在卫星系统光荣退休了。

　　1992年,他接到更为艰巨的任务——担任"神舟"飞船总设计师。

戚发轫：我59岁了，让我来当载人飞船的总设计师，我很纠结。第一，不该我干，我快退休了；第二，我也不敢干，载人航天，人命关天。我凭什么能给航天员讲，你上去吧，一定能回来？

面对党和国家的需要和信任，戚发轫还是掌起了飞船设计的帅印。花甲之年的他又一次步入中国航天的新天地。从"神舟"一号试验飞船到"神舟"四号飞船，凡是能被预想出来的"万一"，戚发轫都要求设计人员千方百计去发现，去寻找，去解决。

在四次无人飞船发射成功后，终于，2003年10月15日，中国首次载人飞行——"神舟"五号载人飞船迎来发射时刻。发射前，戚发轫本想给航天员杨利伟吃上"定心丸"，却反过来被杨利伟安慰了一番。

戚发轫：人家航天员说，你们放心！我们作为航天员都是飞机（战斗机）驾驶员出身，驾驶飞机的时候，每次特技飞行和起飞降落都是生死攸关的。我们相信你们设计师没有问题，我们最担心的是怕我们的任务完成不好。我们不怕牺牲，你们也不要顾虑。

那一天，酒泉卫星发射中心晴空万里。早上9点，"神舟"五号成功发射升空。当信号传回地面时，杨利伟展示中国国旗和联合国旗帜，用中、英双语向世界问好。

杨利伟： 向世界各国人民问好，向在太空中工作的同行们问好，向祖国人民、港澳同胞、台湾同胞、海外侨胞问好！

中华民族千年的飞天愿望，在这一刻实现了！

但戚发轫的喜悦是短暂的，他必须马上投入复查工作中。回到地面的杨利伟向飞船设计师回述了火箭上升过程中"难以承受的26秒"。后来，经过团队的共同努力，终于找到了原因，并彻底解决了这个隐患。

戚发轫和神舟飞船合影

戚发轫： 飞船也好、火箭也好，对8~10赫兹的低频不怕。但我们却不知道，人的五脏和头的固有频率就在10赫兹左右，如果外边有同样的频率和他产生共振，他的心脏会非常难受。也就是说，我们在设计上考虑不周，但是航天员没有受到这个因素的影响，圆满完成了任务。

"地球是人类的摇篮，但是人类不会永远躺在摇篮里。"到2021年底，中国先后实施8次载人飞行任务，13名航天员闯苍穹，中国载人航天任务成功率100%。

> 戚发轫：搞工程不可能不出事，所以现在我们有很多措施。在天上运行这么长时间，我们想了几百个故障，每个故障都要找出一个对策，这个对策在地面要做试验，验证好用。不过，我们想到的对策一个也没用上，万无一失。

如今，"祝融"探火、"羲和"逐日、"天和"遨游星辰，航天员前往"天宫"出差，建设航天强国的接力棒，传到更年轻的一代人手中。

> 戚发轫：十年磨一剑，不容易。他们面临的挑战比我们当年要大得多，他们需要吃的苦不再是吃不饱、穿不暖，而是要排除一切诱惑，把时间、精力和智慧都倾注到事业上。

记者手记
JIZHE SHOUJI

我是记者朱敏。

尽管已是耄耋之年,戚发轫先生的行程依然排得很满。没有刻意追求,中国航天史上的许多"第一"都融入他的每一个细胞里。

正如戚先生的名字"发轫",意为拿掉支住车轮的木头,使车前进,比喻新事业开始。他常说,既然我是一辆"车",就得拼命往前奔。

如今,戚发轫的听力大不如前,但有个声音始终在他耳边,无比清晰,那是杨利伟下飞船后说的一句话:"中国的飞船真棒!"

——采访于2022年

任继周

从来草原人，皆向草原老

XIANSHENG

任继周，中国工程院院士，我国草业科学的奠基人。1924年出生于山东平原县，曾任兰州大学草地农业科技学院名誉院长。任继周创建了我国农业院校第一个草原系；他创立的草原分类体系，是现在唯一可用于全世界的草地分类系统；他提出的评定草原生产能力的指标——畜产品单位，被国际组织用以统一评定世界草原生产能力。

扫码收听音频

任继周：我一做工作，什么都忘了。你看我现在精神挺好的，每天最少工作6小时，我的眼睛也不行，我得看，我就弄大显示屏。现在我正在写《中国农业伦理学导论》下册，基本上写得差不多了。

视力严重下降，腿脚又不便，98岁的任继周，活动范围基本上被圈定在方丈之间的书房里。面对着一张大投影屏，他每天仍然要工作6小时。在莽莽的草业科学世界之中，他已经徜徉了80年。年少时的"吃不饱"，是任继周涉足其间的重要原因。

任继周：不光我们学生吃不饱，老师也吃不饱，一下课赶快往饭堂跑，不然去晚了饭就没有了。老师那时候都穿大褂，我们看得清楚，口袋里装着饭碗，碗底都是朝外的。

生于耕读之家，长于战争年代。少年时的任继周经历了国家贫困、同胞羸弱的艰难时期。19岁那年，体重只有45公斤的他，以高分报考了当时的国立中央大学的冷门专业——农学院畜牧系草原专业。

任继周：院长跟我谈话，说："我看你入学分数考得不低，为什么报考畜牧系？"我说："我想改善国民营养。"他说："你这口气不小。"营养水平影响太深刻了，农业要过关，动物性食品要足，中国人营养不改变，不可能成为一个强国。

大学时代，任继周师从我国现代草原科学奠基人王栋教授，攻读牧草学、草原学，兼习动物营养学。毕业后留校进修期间，时任国立兽医学院（兰州）院长盛彤笙教授托王栋找一位能前去西北做草原研究的学生，王栋推荐了肯吃苦、学术功底扎实的任继周。

大学一年级的任继周，拍摄于1943年

任继周专门复信盛彤笙教授，以表心志："生愿郑重申明，于明年进修期满后，保证赴兰，绝对秉承吾师指示，于进修期间不兼做研究生或兼营任何副业，专心攻读牧草及有关科学，以期确有所进益，以报吾师厚望于万一。"

江南往西北，道阻且长。这一去，开启了他扎根西北70多年的人生。

1950年初到兰州，任继周在办公室鉴定牧草标本

任继周：我到西北的时候，坐拉器材的一辆旧卡车，走哪儿都抛锚，从西安到兰州走了21天。

别人眼中的苦，却是任继周心头的喜。呈哑铃状、斜在我国西北的甘肃，草原类型交错分布，在任继周眼里，这就是完美的草原标本区。

东南西北1500公里，从长江流域、黄河流域、内陆河流域，到祁连山山地、青藏高原，类型太复杂了，类型都有。我一看，非常高兴。

初到西北，一间挂着"牧草研究室"牌子的16平方米的实验室，里面有一张办公桌，一盏煤油灯，一个书架，一个单面试验台，这便是任继周的全部专业设备。苦寒之中，任继周和同事们搭建着火热的草原科研事业。任继周回忆道，自己总是全楼离开最晚的一个。在漆黑的夜晚下楼，他熟记从办公室到楼梯口要走16步，楼梯分两截，第一截8个台阶，第二截16个台阶，即使摸黑下楼，也能跟白天走得一样快。

草，不能当饭吃。尽管创建了草原科学的多个"第一"，任继周发现，距离"让国民吃上肉"的初衷，还是有距离。

> 任继周：我们（传统）的农业是以粮为纲的，没有畜牧业，我叫耕地农业。后来因为各种原因，就感觉"三农"问题要解决，从很原始的改变食物营养，到后来感觉是要改变农业结构。

草原牧区与农耕地区分割，甚至是对立的。作为草业科学家的任继周，对此体会更深。但一次次的实验结果不断地强化着他的预判：种草与种粮，可以同生共荣。

> 任继周：钱学森对我的帮助也很大，他提出中国需要建立草业。草地农业生态系统，1980年我就讲这个课了，他就说草业很好啊。草原，原来也就是天然草原。而草业是现代农业科学，它的层次多、界面多，有系统耦合功能。系统耦合可使生态系统升级，就产生、爆发了巨大的能量，它的生产力可以提高若干

> 倍。我在庆阳做的实验，把20%的土地拿来种草，80%的土地种粮食，5年一个轮回，这是最简单的系统耦合。粮食总产量提高40%，单产也可以提高60%，地是越种越肥。牧业产值增加两倍。

从草原到草业，一字之差，却将草地纳入整个农业生态系统，草业科学的学科框架正式形成，中国草业科学的空白就此填补。我国草原保护与有效利用日后被逐步提高到战略高度，食物结构改变的需求得以更好满足。任继周的名声更大了。但于他而言，神州的草，离不了华夏的土。

任继周：1981年的时候，美国人叫我去，说你来，肯定高工资。搞我这个学科的跑去干什么？我是在土地上长的，离开了土地，没有前途，必须在本国，而且就在兰州。

携囊走荒谷，西北大半生。当年临行前，恩师王栋送了任继周一副对联，上面题写的："为天地立心，为生民立命；与牛羊同居，与鹿豕同游。"至今仍在任继周心里激荡。

耄耋之年，任继周对照草业生态系统原理，考察我国"三农"问题需求，发现两者之间缺乏"农业伦理学"联系。考虑自己余年紧迫，他两年内组织编写并出版了《中国农业伦理学导论》，开创了中国农业伦理学研究的先河，用哲学的终极探索，回应学科的方向问题。

任继周：把农业发展规律归结纳入可辨识的农业伦理学，要用农业伦理学考察合理不合理，对不对。农业伦理就是人和人、人和社会、社会系统和自然系统的关系，要公正合理，农业才能持续发展。

百年的生命跨度，对任继周而言，像草原一般深沉、辽阔，乖谬苦涩与辉煌至荣，他都多次经历。著名哲学家任继愈是任继周的二哥。任继周说，哥哥教会了他如何在无常之中，抱定有常。

1981年，任继周访问澳大利亚牧场

任继周：我哥哥跟我说了，好好走自己的路，不要跟着跑。后来我成了院士以后，我哥哥送我一副对联："涵养动中静，虚怀有若无。"社会不管怎么变化，你要安静，保持你的良知的平静；不论你有多少成就，跟大自然的浩渺无垠比，都小得可以忽略不计。

任继周的世界，简单而丰富，如草原一般。喜爱古诗词的他，偏爱《塞上曲》。他把王昌龄的"从来幽并客，皆向沙场老"，改成"从来草原人，皆向草原老"。

任继周：这个年龄，我能做多少做多少，让生命做一点应该做的事。夕阳晚照美如画，惜我三竿复三竿。我要爱惜、要珍惜我借来的这"三竿又三竿"的时间。

1978年，任继周在联合国国际生物圈大会发言

记者手记
JIZHE SHOUJI

我是记者李昊。

任继周先生的书房不大，除了满屋子的书，一张单人床之外，最吸引我注意的，就是那张投影屏。接近百岁的他，连电脑屏幕上最大号的字也看不太清了，只能用投影仪来看文稿。讲述着中国的草业科学，他时不时地拨弄手边硕大的地球仪。

"八十而长存虔敬之心，善养赤子之趣，不断求索，如海滩拾贝，得失不计，融入社会而怡然自得；九十而外纳清新，内排冗余，含英咀华，简练人生。"这是他80岁时写的文章《人生的"序"》，这个序，还在更新。

黄昏虽短，桑榆不晚。夕阳斜倚的晚霞，铺洒下来，映照着后来者前行之路。

——采访于2022年

于漪

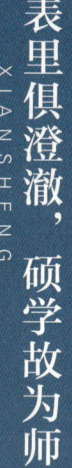

表里俱澄澈，硕学故为师

XIANSHENG

于漪，人民教育家。1929年出生于江苏镇江，1951年毕业于复旦大学教育系，1978年被评为全国首批特级教师。曾任全国语言学会理事、全国中学语文教学研究会副会长。长期躬耕于中学语文教学事业，坚持教文育人，推动"人文性"写入全国《语文课程标准》。她为人民教育事业奉献了自己的一切，也获得了党和人民给予教师的最高荣誉，但她却总说，自己"做了一辈子老师，一辈子在学做老师"。

扫码收听音频

于　漪：我腰直不起来，腰椎骨折。毕竟鲐背之年90多岁了，除了脑子没有坏之外，其他的都不行了。这是一种生命的规律。

伏案工作的于漪

离开讲台已久的于漪，即便腰椎受伤，不得不卧床接受采访，说起话来，还是顿挫有力，一如当年。

1929年，于漪出生在镇江一户做小生意的普通人家。童年的于漪，在战火中颠沛流离地生活。父亲早逝后，母亲带着于漪兄妹5人艰难谋生。

18岁那年，于漪考入复旦大学。免学费、免生活费的教育系对于漪来说，是最经济的选择，更是内心早就播下的种子。

年轻时的于漪

于　漪：我读镇江中学时的国文教师叫赵继武。他教"茕茕子立"的"茕"字。他讲草字头，就像光荣的"荣"，下面一个"孑"，他在黑板上写得大大的，寓意再穷脊梁骨也要硬，是一竖！骨头要硬，我们都记住了。那个时候他穿个长衫，一面讲，一面做手势。当时我就感觉到老师是了不起的，因为一个人要脱离愚昧，应该要明理。做一个老师，实实在在地能够把一代一代的人培养成为有文化的人，那么国家、民族就有希望了。

大学毕业后，于漪如愿站上了三尺讲台，成为原上海第二师范学校的一名老师。她先是教历史，1959年改教语文。初掌教鞭，于漪用"如履薄冰"来形容。

于漪和学生们在一起

于　漪：上课一直是如临深渊、如履薄冰，不知道学生会问什么问题。学生进学校每天上7节课、8节课，甚至9节课。课堂教学质量是会影响学生生命成长质量的。有时候1点钟睡觉，5点钟就马上爬起来了。每一句话写出来以后修改，用规范的书面语言改造自己不规范的口头语。

"丰而不余一言，约而不失一辞"，成了于漪为自己定下的讲课规矩。哪怕是从家里到学校步行一刻钟才乘到车子的路程，于漪也在更新、完善着教案。即将开始的这堂课，怎么开场、如何铺陈，每一个字句都打磨过很多遍。

一位青年教师曾随堂跟踪于漪3000多节语文课。对同一篇课文反复教授中，他竟从未听到过重复的讲授。

于　漪：《论语》里头讲，"其身正，不令而行；其身不正，虽令不从"。课要上到学生心中，一定是你全身心投入，用生命歌唱，以生命来认识生命；以一棵树的摇动，撼动另外一棵树。你只有自己真正地修为做人，你的言行才会给学生以感染。

"语文课就是基础工具课，教书就是具体任务"，社会上的这些认知与风气，在于漪这里行不通："教育不能只谈育分，不谈育人。"在她的坚持下，"工具性与人文性统一"被写入全国《语文课程标准》。

于　漪：教育既是科学又是艺术，你一定要发现孩子的优点、长处，要呵护它。有一个女孩，讲话结结巴巴没有条理，下课跟同学玩的时候讲话就非常流畅。她每天到学校要走半个小时，我就给她布置：你每天路上走，碰到什么人，心里反应这是一个什么人；旁边花开，这个跟白玉兰有什么不一样。训练了半年下来，结果小孩子后来到初三年级参加作文比赛，获了三等奖。教育就是把人的潜能变成发展的现实。果树都不一样，这是苹果，那是梨，都很美的。

1977年10月，上海电视台邀请于漪去上一堂向全市直播的语文公开课。于漪选择讲授高尔基的《海燕》。

于　漪：我总是想到，乌云总归要过去的，乌云总归是遮不住太阳的，因此我就想到了高尔基的《海燕》。

一时间，上海万人空巷，大家守在电视机旁，争睹她上课时的风采。在那个年代，人们能静下来听一节语文课，意味着教育领域复苏的开始。

1978年，一个新的时代来临。中学语文的教学资料面临匮乏的局面，已是全国首批语文特级教师的于漪，根据多年教学经验，完成了《中学语文教学探索》《中学语文备课手册》等多部著作。

于漪在给学生上课

于　漪：我们国家的发展非常不平衡，农村的、边远地方的学生，学习条件要比我们差得多。怎么能够把我们的一些认识、一些资料，通过创造性的劳动，传播到我们的中部、西部以及农村？后来我就叫它《备课手册》。

这些浸润着于漪多年实践心得的教学设计，很快在全国推广开来。

炬火一般的师爱，陪伴更多的学生前行，既为学生之师，也做教师之师。于漪的很多学生，毕业后也成了人民教师。她所带的62届学生、生活委员肖龙宝，至今都记得老师递给他的"一个面包"。

于　漪：当时粮食很困难，男孩子长身体的时候配置的那点粮食经常吃不饱。有一次他生病发高烧，说于老师我真想吃一个面包。我当时的配置只有22斤粮票一个月，我就省下一顿来，然后把粮票给了一个同学，请这个同学买一个面包给他。

30多年后，于漪因病住院，肖龙宝千里迢迢赶来探望老师。

于　漪：他说，我就是要来谢谢您几十年前的一个面包，您让我懂得了什么叫爱学生，因此我就把这个爱散播到我所教的所有学生当中。他带的班级都是优秀的班级，他说他教学生都是以善良的心对待，以自己的生命的温暖去温暖别人的生命。

几十年前的一个面包，让几代学生受益。师道传承，让于漪感叹不已。她勉励青年教师，要成为新时代的"大先生"。

于 漪：我觉得这个"大"字的造字妙不可言。"大"就是人，人是顶天的，一横就是两个翅膀，拥抱祖国、拥抱民族、拥抱世界，大先生就是要有这种情怀。教师的生命是在学生身上延续的，教育就是一代一代的传承。

600多万字论文专著、2000多节公开课、培养三代特级教师，这是于漪用人生写下的数字。在她的影响下，更多的年轻人走上了讲台。

一名青年教师对于漪说："于老师，当初我在电视上听到您说，'茕茕孑立'的那个'茕'字，那一竖就是民族脊梁。我深受感动，我就也来当老师了。"

于漪听后非常高兴，她说："那好啊。我们民族总是要传承下去的，年轻要有为。"

于漪发言

于漪的爱人黄世晔先生是复旦大学教授,儿子、儿媳、孙女、孙女婿也都是教育工作者。在黄世晔98岁生日时,孙女黄音送了一本相册给老两口作为礼物,里面的每一张相片上,都配有手写的图说。其中一篇是这样写的——

于　漪:气温再高,这个楼道还是凉爽的。最开始爷爷和我爬得一样快,慢慢就被我赶超了。再后来我会先爬到一层的平台上,再以一个胜利者的姿态,折返到楼梯中央接爷爷……

一个家庭里,上一辈人是下一辈人攀爬的梯子;对于一个民族,于漪这样的先生,又何尝不是下一代人向上的阶梯?

记者手记
JIZHE SHOUJI

我是记者何源。

"何处望神州?满眼风光北固楼。千古兴亡多少事?悠悠。不尽长江滚滚流……"采访中,说到兴起处,于老师朗诵起了《南乡子·登京口北固亭有怀》。这首描写故乡镇江风光的诗词,是她最偏爱的一首。她说,每次读起它,仿佛都能看见讲台上一身长衫、神采飞扬的赵老师,给学生们画着"荣"字那挺拔的一竖。

于老师还说,赵老师是点亮她生命的一盏明灯。我问,那您又为多少学生点亮了明灯呢?她笑而不语。教育,从来就不是结果,而是生命展开的过程。93岁的于漪,就像钉在三尺讲台上的一柱红烛,那些许微光,无限地延伸,无尽地铺展……

——采访于2022年

林崇德

弘师道以广，布师爱以长
XIANSHENG

林崇德，北京师范大学心理学部教授。1941年出生于浙江宁波。作为新中国第一位心理学博士，林崇德建立完善了我国发展心理学教材体系，陆续培养出88名博士，为学术梯队建设做出了重要贡献。如今全国师范院校心理学学科带头人中，有一半是他的学生。林崇德还领衔完成了中国学生发展核心素养研究，被誉为"中国基础教育的播火者"。

扫码收听音频

林崇德：师爱是没有血缘关系的，是一种一视同仁的、无私的爱。我的教育理念是"严在当严处，爱在细微中"，最后的成果是学生能够"听其言而信其道"。

与三尺讲台厮守半个多世纪，如今80多岁的林崇德还是很享受清风一杯茶，一讲一上午的时光。

2011年"六一"儿童节，林崇德和孩子们在一起

为心灵造船架桥，是少年时的林崇德未曾设想过的人生。生长在沿海地区，林崇德曾经梦想造大轮船，或者建大桥、修铁路，像詹天佑那样名扬天下。直到1960年3月，距离高考还有4个月的时候，班主任孙钟道的一番话，为林崇德的人生扳了道。

林崇德：我的老师这一天不知道为什么，他那样激动，他说："若干年以后，如果我在报纸杂志上看到某个同学的优秀事迹，是我当人民教师最大的欣慰；如果我从哪个犄角旮旯里获悉我的学生中有人做了对党、对人民、对国家不利的事，是我当人民教师最大的惭愧、最大的不安。"他双手发抖，转过身来"吧嗒吧嗒"地掉眼泪。

那堂课，黑板上罕见地没有一个字，却又好像写满了字。对比了路桥工程师和灵魂工程师后，林崇德的天平偏向了后者，他的所有志愿全部填报了师范院校。最终，他如愿收到了北京师范大学教育系心理学专业的录取通知书。

林崇德：那个时候根本不懂心理学，我朦朦胧胧地觉得心理学是研究心灵的，是架起老师和学生之间桥梁的，因此我要学心理学。

那一年是北京师范大学心理学专业首届招生，中国现代心理学奠基人之一的朱智贤先生成了林崇德的引路人。

林崇德：上课的时候，给我印象最深的是，他把大衣一脱，慢慢地走上讲台，别人都站着讲，唯有他坐着讲，一坐下就开始给我们讲。他讲得又生动，又有条理，逻辑性又强。他的逻辑思维能让所讲的每一个点都变成一篇文章。

林崇德办公室所在楼层的墙上，贴着北京师范大学多位教授的照片。不管楼道里的灯开着还是关着，林崇德总能准确地找到恩师的照片所在。

与朱智贤教授交谈，拍摄于1978年

林崇德：这不是朱老的照片嘛！他比我父亲大几岁。

记　者：那就有点既是老师又是父亲的感觉。

林崇德：他比父亲可厉害多了！

朱智贤的厉害，初次见面时林崇德就领教过。入学报到后，林崇德和同学一起去探望生病住院的朱智贤。朱老师却板着脸，训了一句："听说你学得不错，要老老实实学习，不能好高骛远。"

有一回，林崇德写了一篇自以为还不错的论文，得意地交给了朱老师。

林崇德：他说："林崇德你过来，我告诉你，我上中师的时候，也就是一个高中生的时候，我就有著作了。你堂堂一个大学生，都三年级了，居然有错别字！""啪"地一下扔给我，让我自己找。我的学年论文，他给我改了五六遍，最后在上面批：此文已达到《心理学报》发表的水平，我将推荐到《心理学报》发表。好家伙！《心理学报》是我们心理学当时唯一的顶级的刊物。

林崇德与朱智贤教授合影

离开校园，林崇德教书育人的第一步走得不太顺畅，他被分配到北京近郊区一个"三不管"的地方当老师。

林崇德： 我到朱老师他们家楼下转了一圈又一圈，就是不敢上去。因为分配得不好，有一种自卑感。他刚好从操场散步回来，远远看到我，问："是林崇德吗？"我说是。他问："你对分配有什么想法？"我说："倒霉。"朱老师说："你失去了信心。做人，信心比什么都重要！崇德，好好在基础教育方面干，好好在实践里头干，实践能够出真知，你一定能成才！"

之后的13年，从小学到初中，再到高中，林崇德努力当好老师，把"培养出超越自己、值得自己崇拜的学生"当成目标。在那个心理学被批判为"伪科学"的年代，他还一放假就到精神病院做调查。1979年召开的全国心理学大会上，林崇德一个人拿出5篇学术论文。那一年，他38岁。

林崇德： 1978年北师大心理专业恢复的时候，我留在北师大的同班同学赵中天跟我讲，崇德，回母校吧，老师们想你，他们说，我们要把我们最好的学生请回来。我当时就流眼泪了。

回母校后，林崇德跟着朱智贤先生读硕士，接着读博士，成为新中国第一位心理学博士。等到自己成为博士生导师时，林崇德定下了"五个不招"原则：以前没有任何成果的，不招；看不出有创新能力的，不招；不勤俭的，不招；没有成名成家想法的，不招；有才无德的，更不招。

林崇德：我现在做的一切都像是在复制朱智贤教授，他的为
　　　　人、他的为学。他对学生严格要求，同时也爱护，
　　　　于是我提出"严在当严处，爱在细微中"。

作为师范院校的"师者之师"，林崇德心里装着的，不止他所面对的一个个学生。

林崇德：人心换人心，八两换半斤。我曾经送我的弟子们出
　　　　国，20世纪80年代中到90年代很多人出了国不愿意
　　　　回来，我们送到美国的16位学生有15位都按时回
　　　　了国。

林崇德先生讲心理学与生活

"培养什么样的人""怎么培养""为谁培养"，这是教育要回答的核心问题。2016年9月，教育部发布的"中国学生发展核心素

养总体框架"作出了回答。2013年接手这一课题时，林崇德已经72岁。如何确立中国学生的必备品格和关键能力？如何确立落实素质教育的工具和抓手？课题组形成了351万字的调查材料。

> 林崇德：我把从1950年开始，党关于教育的所有文件都捋了一遍，包括学生在学校怎么自主发展、学会学习、健康生活。

学问，是用来解决实际问题的，心理学亦是如此。2008年汶川地震发生3天后，林崇德就组织制作了心理援助手册，赶赴汶川开展心理援助工作。灾难面前的心理救援逐渐从幕后走向了台前。

2020年初，新冠疫情暴发，林崇德第一时间组织全国专家建立援助热线。

> 林崇德：有49万人听了我们的培训，后来我们又面向全国的大学生、研究生组织了1200位心理学工作者，面向医务工作者、警察与保安人员、患者与家属三类人群，连续开展了三个月心理援助，最后他们的满意度是94%。

耄耋之年的林崇德总也闲不住。家人开玩笑地问他，你打算什么时候退休？林崇德两眼一瞪，说："当老师的，退什么休?!"

记者手记
JIZHE SHOUJI

我是记者冯会玲。

林崇德先生在荣获2021年度杰出教学奖后，把100万元奖金全部捐赠给北师大教育基金会，希望用来激励对基础教育教学和人才培养做出贡献的师范院校老师。他兑现了当年向高中班主任辞行时的豪言：做个好老师。

林崇德先生曾经写过这样一首诗：
我的岗位，将坚守在三尺讲台旁；
我的足迹，却遍布祖国的四面八方；
我的两鬓，会有一天斑白；
我的青春，却千百倍、千百倍地延长。

五十六载从教生涯，林崇德的日子，就这样，变成了诗行。

——采访于2022年

丘成桐

中国人可以做世界一流学者
XIANSHENG

丘成桐，数学家，中国科学院外籍院士。1949年出生于广东汕头，同年随父母移居香港。22岁在美国加州大学伯克利分校获博士学位，27岁攻克世界微分几何难题"卡拉比猜想"，33岁获数学领域的国际最高奖项之一菲尔兹奖，成为该奖首位华人得主。现任哈佛大学数学与物理学教授、清华大学丘成桐数学科学中心主任。国际数学界有评论称"即使在哈佛，丘成桐一个人就是一个数学系"。

扫码收听音频

丘成桐：我喜欢数学是从中学开始的。对我有重要影响的第一篇文章是陈省身先生的《学算四十年》，希望你们都看看这篇文章……

丘成桐在"2021丘成桐中学科学奖"颁奖典礼上

在清华大学2021届数学科学系的毕业典礼上，丘成桐又一次提到陈省身《学算四十年》对他的启蒙。中国人的学问也可以跻身世界一流，那是香港乡下少年第一次窥见了数学科学的参天大树。

丘成桐：20世纪50年代的时候，一般的小孩子也好、年轻人也好，都认为中国人做科学大概是不太可能成功的。我当时知道陈省身先生是在伯克利大学做教授，是学校里很重要的一个人物，我才了解到中国人也有在海外出人头地的。

丘成桐的父亲邱镇英是一位哲学教授,曾在香港中文大学的前身之一——崇基书院任教。尽管生活清贫,子女众多,但不论是做人还是读书,他对丘成桐的要求都非常严格。

丘成桐全家,1961年拍摄于沙田车站

丘成桐:我很小的时候父亲就教我背书,《诗经》《楚辞》,司马迁的《史记》。我比较喜欢看西汉的文章,也很喜欢陶渊明的诗。有时候背书忘了一些,就觉得有点难为情,也会偷偷看。但基本上是我自己喜欢,到现在也是,觉得念起来很有意思。

14岁那年,父亲突然辞世。丘成桐拒绝了去舅舅农场养鸭的提议,一边打工一边学习。1966年,17岁的丘成桐考入香港中文大学数学系。他用3年时间学完了全部课程,被加州大学伯克利分校录取。毕业前夕,在伯克利任教的陈省身受邀回香港中文大学演讲,坐在台下的丘成桐,终于追到了自己的"星"。

1969年,丘成桐在香港中文大学崇基学院毕业典礼上

丘成桐: 我就远远地看着他,根本看不清楚。听完讲座以后,有个老师跟我讲,你要去伯克利了,去跟陈省身先生打个招呼。陈先生跟我说,你来伯克利很好,你有什么问题可以找我帮忙……当时就讲了这么几句话。

伯克利分校是当时世界微分几何学的中心,优秀学者云集。在这里,青年丘成桐一鸣惊人。学习1年后,他解决了"沃尔夫猜想"，完成了自己的博士论文；1976年，年仅27岁的他成了斯坦福大学数学教授。同一年，丘成桐又证明了世界级的微分几何难题"卡拉比猜想"，此后，维布伦几何奖、菲尔兹奖、克劳福德奖……接踵而来。

> 丘成桐：荣誉当然带来很多有趣的结果，但从长久来讲，荣誉不是我人生的目标。对数学深入地了解，对科学深入地了解，是我觉得最重要的事。

纵然在海外名声大噪，"国家"二字在他心中依然有千钧之重。1979年，丘成桐受时任中国科学院数学所所长华罗庚的邀请，第一次回到了北京。

> 丘成桐：我在香港成长了20年，当时香港是英国殖民地，明显歧视中国人。一下飞机，我伸手摸了一下北京机场的地，因为这毕竟是中国自己的地方。

"江河应爱我，洁心如雪。富强非梦，庶黎犹补瓯缺。"他常对学生说，一个没有根的学者寸步难行，一个没有根的民族，很难站起来与其他国家竞争。

> 余成龙：他非常鼓励大家回来报效祖国，为中国数学做出一定的贡献。他也希望我们能够培养出最好的学生，让最好的学生继续在中国带学生，希望我们可以把这个传统坚持下去。（丘成桐的学生）

20世纪80年代起，一方面，丘成桐在美国高校先后招收了十几名来自中国的博士研究生，为中国培养数学人才；另一方面，他频繁回国访问、讲学。2009年，应清华大学邀请，时任哈佛大学数学系主任的丘成桐来到恩师陈省身曾经学习过的地方，开讲授课。次年，首届丘成桐大学生数学竞赛成功举办。第三年，数学科学中心首批两名博士后进站。

丘成桐：所谓大师，没有好的学生，就好像大鱼没有水。好的学生就是水，是能够养活整个学术发展的最重要的元素。

此后的每一年，丘成桐都在致力为中国数学开辟"水源"。2018年，教育部批复清华大学独立开设"丘成桐数学英才班"；2021年，清华大学推出"丘成桐数学科学领军人才培养计划"，每年在全国范围内遴选一批优秀中学生。他为学生们设计了一个为期8年，甚至更长远的培养路径。

丘成桐："领军人才"这些学生，我们计划是三年打基础，两年探讨研究方向，最后三年是完成他们的研究。我们找了世界最好的大师来帮忙教这些学生，希望他们将来成为中国数学上的领导人，不但领导中国，还要领导全世界。

为保障这些人才培养计划的顺利开展，2021年3月，清华大学设立求真书院，由丘成桐担任院长。

丘成桐：数学是所有科学之母。中国要成为一个科学强国，非从基本的科学做起不可。这些学生是中国本土培养的，对中国是最重要的，是中国的未来。

在国内挖"好苗子"的同时，丘成桐放眼全球，为他们寻找"好园丁"。如今，丘成桐数学中心的教师汇集天下英才，不乏菲尔兹奖、沃尔夫奖获得者，以及美国国家科学院院士、欧洲科学院院士、英国皇家学会会员等。2021年底，国际顶尖数学物理学家尼古拉·莱舍提金正式入职清华大学，他是量子群理论的创始人之一。

尼古拉·莱舍提金：我在伯克利教书30年，现在是时候考虑未来了。丘教授提出了一个非常好的提议。我知道清华大学是一个很棒的地方。我期待着优秀的学生，而这里的学生也的确很优秀。这里还有一支优秀、强大的教师队伍，这些正是我所期望的。能来这里工作，是我能想象到的最好的事情。

2009年丘成桐初到清华时，QS世界大学数学学科排名中，清华大学排在第96位；到2021年，排名攀升到第18位。从第18位再挺进到世界前十乃至前五，丘成桐坦言，这是一条"越艰难越向前"的道路。

丘成桐：我们广东的苏炳添，我看他跑得很快，很了不起，但是最后奥运会男子百米决赛他排第六。我们好比是要从苏炳添这个水平达到拿金牌的水平，距离说接近也可以很接近，说远也可能很远。我们现在差不多就是这个情况，越艰苦就越要追上去。

丘成桐在清华大学

2022年是丘成桐不拿薪水在清华大学工作的第十四个年头。志存千里，时不我待。当年在伯克利读书时，老师陈省身送给他一本自己的著作《复流形》，扉页上写着："余生六十矣，薪传有人，愿共勉之。"这行字，他一直记在心里。

> 丘成桐：你们要自信，我们民族是有这个能力的。在数学上、在物理上，在种种的基本科学上，我们都有这个能力。我们有能力带领研究生阶段的学生，做世界第一流的学者。我们希望五到十年内，完成中国两百年来祖先期望完成的事业。这个重要的时刻在你们手上！

记者手记
JIZHE SHOUJI

我是记者肖源。

面部圆润的丘成桐先生，说起话来却有着数学家特有的严谨，甚至凌厉。基础科学需要时间，急不得，丘先生深知这一点。办公室窗外，是清华园的婆娑树影，办公室内，人来人往。看着他排得密不透风的日程，我知道，古稀之年的他很着急：急于让更多的中国人认识数学，急于让中国成为数学强国。

浩瀚的数学科学没有边界，但数学家丘成桐把心底那块最柔软的地方，留给了他的祖国。

——采访于2022年

李伯谦

从田野出发，溯文明之源
XIANSHENG

李伯谦，考古学家，北京大学考古文博学院教授、首任院长。1937年出生于河南郑州，1956年进入北京大学历史系学习，毕业后留校任教。先后参与主持河南偃师二里头、安阳殷墟等多处遗址的发掘。1996年起出任"夏商周断代工程"项目首席科学家、专家组副组长，制定《夏商周年表》；参与主持"中华文明探源工程预研究"项目，实证中国五千多年文明史。

扫码收听音频

2022年5月3日，北京大学考古百年纪念大会举行。85岁的李伯谦在河南郑州以视频形式线上致辞。

> 李伯谦：我觉得这是一个值得纪念的日子，因为今天是北京大学考古系成立一百年……这一百年以来，我回忆一下，我自己可以说是在一百年当中有60多年参与其中……

60多年考古人生，起源却是偶然。

少年时的李伯谦学习勤勉，功课名列前茅，升大学时填报了北京大学中文系，一心想做鲁迅先生那样的文学大家，录取结果却是历史系。

读到大二选择专业：中国史、世界史和考古学，三选一。考古学是什么，李伯谦并不清楚。时任北大考古教研室教师、著名旧石器考古学者吕遵谔先生，用自己的"语言艺术"让李伯谦对考古动了心。

> 李伯谦：他跟我们讲，考古好，因为考古都要到野外去，高山大川、名胜古迹都可以看到。再一个，考古还能学照相。

照相，当时还是件稀罕事儿。李伯谦就这样被"俘获"，叩开了考古之门。

1958年暑假，郭沫若和裴文中、杨钟健、贾兰坡一起，看望北京大学1956级、1957级考古班在周口店猿人洞发掘实习的同学，后排右五为李伯谦。

1959年春，李伯谦和同学们来到陕西华县一处新石器时代遗址，开始第一次正规实习。那时的他才知道，考古学并非游山玩水那样潇洒不羁，面对残垣断壁、砖石瓦砾，要耐得住寂寞、忍得了枯燥。

> **李伯谦：** 考古无非就是地层学，一层一层地挖，不能乱挖。然后按照每一层挖的东西把它分开，这个过程很长。弄完以后就是要写报告，每层出的什么东西、有什么特点，把它描写清楚、整理清楚。

田野工作也常被形容为考古学习的分水岭：放弃者畏其苦，留下者心弥坚。李伯谦是后者。在一锹一铲、一刷一刮中，他逐渐感受到田野考古的魅力，并为之折服。

> **李伯谦：** 非常有意思，能学到东西，所以说坚定不换专业，考古就愿意死心塌地地学下来了。

2009年11月19日，李伯谦在河南郑州新密李家沟遗址

大学毕业后，李伯谦留校工作。说是留校，其实大部分时间都在奔走，带着学生在天南地北的田野遗址中考古实习。

20世纪60年代初的野外考古条件艰苦异常，住在放牲口草料的仓房，步行数十里去发掘现场是家常便饭。在李伯谦眼里，这苦中也带着甜，老乡热情而纯朴，从不把他们当外人。

李伯谦：我们住在老乡家里面，五六个人一个大炕，有说有笑的。吃饭也是在他们家吃，他们做什么我们吃什么。有什么事比如缺人手了，除了指挥他的儿子们干，然后就是我们，"老李，到哪个地里去收什么"，我就乖乖地一块儿去了。

2009年11月19日，李伯谦在河南新郑唐户驻地

从昌平雪山遗址，到偃师二里头，再到安阳殷墟，久经田野

发掘训练，李伯谦对地层发掘、类型分析得心应手。此后，他思考更多的是：如何用文化因素分析方法来深入体察文物的"内心"，通过冰冷的"物"，看到其背后热腾腾、活生生的人和历史。

20世纪70年代，江西吴城商代遗址发掘过程中出土的器物涉及不同文化，遗址应当如何定性？大家看法不一。李伯谦将出土器物按照文化因素的不同进行分类，再根据数量多寡等定性，发现尽管其中有商文化的影响，但更多的是土著器物，于是将其命名为"吴城文化"，这一主张得到了学界的认可。

"三皇五帝始，尧舜禹相传；夏商与西周，东周分两段……"夏朝是文献记载中我国第一个王朝。但因缺少自证性文物，夏朝的存在备受争议。1996年，"夏商周断代工程"启动，李伯谦为四位首席科学家之一。

2011年8月，中华文明探源工程中，李伯谦在河南郑州老奶奶庙旧石器遗址

李伯谦：考古上首先找到跟夏代有关的遗址，二里头是一个，还有其他的。找到东西我们用碳-14测定，先有考古上的证据，还有天文的，比如，《夏小正》是不是夏代传下来的。最后，几个方面都证明夏朝是存在的。

这项举世瞩目的工程填补了夏商周文化谱系中的缺环。此后，李伯谦将目光投向夏之前。

李伯谦：作为考古人，初心是什么？你的任务是干什么？目的就是要把中国五千多年的文明史搞清楚。

2000年，李伯谦主持起草了《关于中国古代文明研究的几点设想》，并出任"中华文明探源工程预研究"主持人之一，进一步追溯中华文明的源头。

李伯谦：我觉得至少我们现在应该把黄帝时代究竟进没进入文明要弄清楚。因为夏代比它晚好多了，前头还有黄帝、颛顼、帝喾、尧、舜。距今5500年前后，中国开始向文明迈进。那就是从仰韶文化中期开始，至少要追溯到这个时期。

鉴古知今，学史明智。中国现代考古学已经走过一百多年的历程。如果说考古是探索文明的一盏明灯，李伯谦就是行走其间、承上启下的"提灯者"。

2014年8月27日，李伯谦在河南郑州东赵遗址

学生吉琨璋记得，李伯谦常对他们说："考古不是一门闭门造车的学科，不扎根田野就没有发言权。"他的以身作则胜过了千言教诲。2001年冬天，李先生带领团队在山西曲村发掘晋侯墓地陪葬墓，60多岁的他坚持自己负责其中一座墓葬的发掘。

吉琨璋：我记得很清楚是134号陪葬墓，大概有9米、10米深。非常简易的吊车吊了一个筐子，人踩在筐子里手抓住吊车的链子，就这样吊下去了。墓底下阴冷潮湿，冬天是很冷的，老师每一步都是自己做，用毛刷去刷，用手铲去铲，每一张标签都是自己填。

年过八旬的李伯谦仍然活跃在考古一线。为了研究方便，他搬到河南郑州长住。新密新砦遗址、郑州东赵遗址、巩义双槐树遗址等考古现场常常可以看到他的身影。一次次的发掘、调查、研讨，与先人的灵魂沟通、与文明的历史对话，耄耋之年的他，一如少年时。

  李伯谦：在拉长中国五千年文明历史的过程当中，我起了一定的作用，贡献了一定力量，我很骄傲，但是还不够……

记者手记
JIZHE SHOUJI

我是记者朱敏。

采访那天,李伯谦先生大病初愈,身体虚弱,说话时间长了,声音便微弱得近乎呢喃。身边人劝他休息一下,他摆摆手,继续向我们细细讲述他与考古的情缘,一如既往地低调而谦逊。

如今,先生仍每天坚持看书、查阅论文,不定期和学生们交流,同时笔耕不辍,连续14个月在杂志上发表文章。

六十年考古人生,于五千多年中华文明史不过须臾。以"吾生之须臾",探源历史之长河,85岁的李伯谦依然在发出自己的光与热。

——采访于2022年

崔道植

没有惊涛骇浪，只是水滴石穿

XIANSHENG

崔道植，我国第一代刑事技术警察，中国首席枪弹痕迹鉴定专家，"七一勋章"获得者。1934年出生于吉林梅河口。其参与办理的1200余起重特大案件的疑难痕迹检验鉴定，无一差错；研发的现场痕迹物证图像处理、枪弹痕迹自动识别系统，填补了国内多项技术空白，被誉为中国"刑警之魂"。

扫码收听音频

出差坐火车，买最便宜的车票；下了飞机，搭乘最便宜的公交……做刑侦工作一辈子，温和儒雅的老人身上，有股子"倔劲"。

> 崔道植：每次出去的时候，单位跟他们都交代了，一定要配个助手，我说我不需要，需要的时候我一定跟组织说。你看我现在身体是不是还算可以？尽量给国家节省一点。

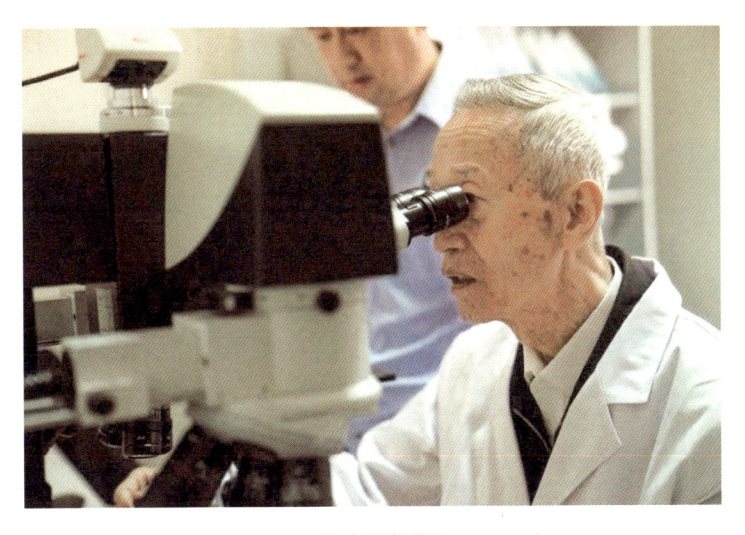

工作中的崔道植

退休近30年的崔道植，从来没有从痕迹鉴定一线真正退下来。就在2020年，为了鉴定一枚指纹，崔道植还连续奋战了9个昼夜。这是一件困扰了牡丹江市警方35年的重大悬案。送到崔道植手里的，只有犯罪分子破坏现场之后，留在水舀子手柄上的半枚血指纹。

崔道植：我一看这个指纹确实条件很差，外围轮廓部分的纹线和指纹中心的纹线中间是空的，说明指纹移动过。中心部位的指纹，纹线也是断断续续，可能是水点进去以后把血液给冲淡了，所以颜色又不一样。这就需要费点工夫。

一句轻描淡写的"费点工夫"，是86岁的老人一头扎进实验室里的九天九夜。

崔道植：一开始那几天还可以，后两天是比较吃劲。因为我这两个眼睛进行了白内障手术，火辣辣的，反复点眼药。但是从被害人的家属角度考虑，人家不是比我更着急？所以只要案子没搞完，就是什么时候干完了才行，我也是这么个脾气。

退休后的崔道植将实验器材搬到家里，发挥特长破案攻坚

"所谓天才，就是无止境地吃苦耐劳。"就这样，崔道植用自己发明的指纹修复系统，成功比对出足以在茫茫人海中锁定唯一一人指纹的8个个性特征点，成为定案铁证。

半枚指纹就能锁定真凶，功夫的练就，绝非朝夕之间。

1934年6月，崔道植出生在吉林梅河口一个贫困的朝鲜族家庭。幼年时，因日寇侵华，崔道植成了孤儿。

少年的崔道植，在人民政府的资助下完成了初中阶段的学业。1951年，他放弃保送高中的机会，加入中国人民志愿军，赴朝作战。

崔道植：如果说有点成绩的话，都是党教育、培养我的结果。一切都是党给的，我把我的一切回报给党，这是理所当然的。

崔道植第一次接触痕迹鉴定，是在67年前，那是一根被犯罪嫌疑人剪断的电话线。通过显微镜观察到的纹路，崔道植认为，作案工具可能不是初步鉴定结果认为的钳子，而是剪刀。在之后的5天里，他反复地用剪刀剪铅片，比对纹路。

崔道植：刑事科学技术工作是为了惩治犯罪、保护人民。这个证据可是人命关天的，所以一定要抓住根本，实事求是、全力以赴地把确切的鉴定结论提供给审判部门。

崔道植讲授牙齿痕迹检验

认真，甚至有点固执，是石世民对老师崔道植最直接的印象。现任广西公安厅刑事科学技术中心主任的石世民，一直记得和老师一起做过的一次侦查实验。

石世民：一个司机被打死了。当时有一个人站在旁边持着枪，指着司机。司机想突然开车启动逃跑，但是他没想到持枪的这个人要利用这个车来支撑身体。车启动的时候，人的本能就会去维持平衡，左手右手都会产生一个动作，手就会激发扣动扳机。

为了验证在这个案件当中，嫌疑人到底是故意扣动扳机，还是无意走火，崔道植坚持亲身实验一次。

石世民：车在运行过程中他也要跟着车一起走，而且这个车要带动他一起，非常危险。我们就一直在跟他理论

> 说要做也不能你来做。他说，我要是不做我就不知道这种感觉。

甘肃白银杀人案、张君特大系列抢劫杀人案、白宝山袭军袭警案……无数轰动全国的重大案件，崔道植都是痕迹鉴定的"定海神针"。

崔道植在全国枪弹痕迹检验技术培训班讲课

见证了中国枪弹痕迹鉴定技术从起步到成熟的崔道植，在1997年的国际刑侦器材展会上，看到了国外研制的"枪弹痕迹自动识别系统"，坐不住了。

崔道植：外国都整出来了，咱们还不搞，这太不像话了。所以我就下决心，我们国家要自己研究这种自动识别系统。

崔道植用一把手枪击发三千发子弹,然后一发一发地照相寻找规律

怎样才能精准地印下弹痕?为了攻破技术难关,崔道植先后走访了七所高校、三家铝箔片厂以及三家精密仪器研究所,设计出四种模型图。经过5年多的潜心钻研,崔道植发明出了能够高速准确提取弹头膛线痕迹的技术方法。利用这种技术,他建立了"弹头膛线痕迹自动识别系统",不仅填补了国内技术空白,还达到了国际先进水平。

作为我国首席枪弹痕迹鉴定专家的崔道植,直到现在也不敢、更不愿停下研究枪支的脚步。

崔道植:大约40种,不管是手枪、步枪,还是其他猎枪、小口径枪,我基本上心里都有个数了。

记　　者：您觉得还有空白吗？

崔道植：我估计还有，因为他们也老研究我们，所以我们也必须去钻研，这样才能够适应形势的发展。

崔道植和夫人金玉伊

参军的经历，塑造了职业选择，也让崔道植遇到了一生的伴侣金玉伊。一个志愿军战士，一个卫生站护士，战火里共同的经历，让两个年轻人走到一起。

崔道植常年往返于各种疑难案件现场，"聚少离多"成了他们几十年的相处模式。老年后患有阿尔茨海默症病的金玉伊，早已叫不出儿子们的名字，却始终记得丈夫的职业。

崔道植：有一天晚上她起来，我说你上哪去啊？她说我要上公安厅。我说你上公安厅干啥？她说痕迹检验。我说是我搞痕迹检验，你搞什么痕迹检验？她说，崔道植！

他们的三个儿子成年后，都走上了刑警这条路。幼子崔英滨更是直承父亲衣钵。入行20多年的崔英滨，检验痕迹物证已经有2800多件，为近百起案件的成功侦破提供了最直接依据，但他还有更大的雄心。

崔英滨：希望能达到像父亲一样的高度，能像父亲那样，得到周围同志的认可，而不是说崔英滨的父亲是谁。

2022年5月25日，作为特邀公安英模代表，崔道植出席了全国公安系统英雄模范立功集体表彰大会。会后，他向总台记者表达了心声。

崔道植：我今年88周岁了，给我留的时间不多了。但是如果党需要，要出现场，我拎着包就去现场……

记者手记

JIZHE SHOUJI

我是记者刘梦雅。

一张桌子，一台显微镜，一双让物证痕迹开口的"火眼金睛"，一颗惩恶安民的念念初心，崔道植就这样为刑侦事业奋战了近70年，没有惊涛骇浪，只是水滴石穿。2006年的一次全国公安会议上，崔道植曾说："我愿为公安事业继续奋斗十年！"

如今，他的信念依然是"组织有召唤，我立即起身"，"每破一个案子，就年轻了一次"。是的，崔道植早已赢过了时间。

——采访于2022年

图书在版编目（CIP）数据

先生.第一辑/中央广播电视总台中国之声编著.——太原：山西教育出版社，2024.5
ISBN 978-7-5703-3891-7

Ⅰ.①先… Ⅱ.①中… Ⅲ.①名人—生平事迹—中国 Ⅳ.①K82

中国国家版本馆 CIP 数据核字 (2024) 第 083767 号

先 生 · 第一辑
xiansheng · di yi ji

选题策划	崔璨
责任编辑	崔璨
复审	邓吉忠
终审	郭志强
封面书法	崔璟
装帧设计	陈晓
印装监制	蔡洁

出版发行：山西出版传媒集团·山西教育出版社
（太原市水西门街馒头巷7号　电话：0351-4729801　邮编：030002）
印装：山西基因包装印刷科技股份有限公司
开本：890mm×1240mm　1/32
印张：9.5
字数：213千字
版次：2024年5月第1版　2024年5月第1次印刷
书号：ISBN 978-7-5703-3891-7
定价：78.00元

如发现印装质量问题，影响阅读，请与出版社联系调换。电话：0351-4729718。